孔子真面目

2500年來的謊言

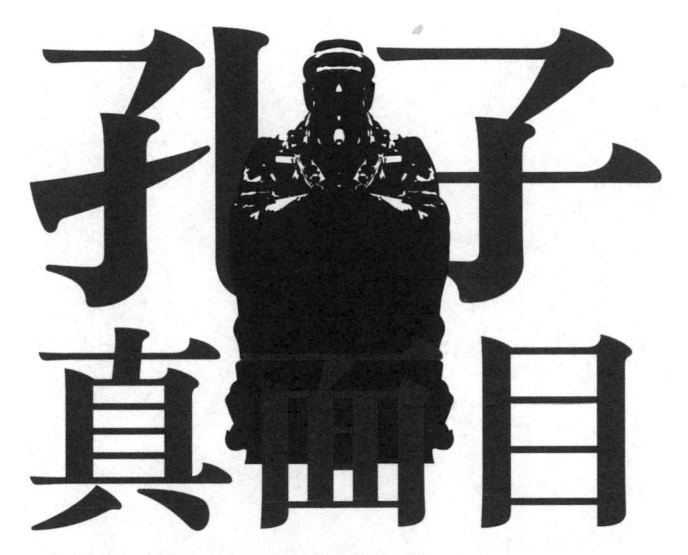

黃文聰——著

目次

第二部　攻詰儒家之錯的他山之石

自序

這是一個追求做人成功的時代，但傳統的價值觀卻使人失敗，畢竟眾人皆知價值形朔思想，思想造就行動，行動決定成敗。

過去與周遭人士在海外生活的一些事蹟，讓人反思傳統價值是否僵化了我們處理複雜人際關係的方式，這包括了親子、夫妻，甚至人民與政府的關係。

有些美國父母與兒女發生嚴重的爭吵，但最後離家的人卻是媽媽？因為那一對爸媽擔心叛逆期的兒女若奪門而出，可能就再也不回來，因此要老公拉住兒女，自己出去冷靜一下。當父母的人做到這種程度，是丟臉？還是真愛？

但若在華人的傳統，則會斥責那種不孝的兒女，傳統的倫理甚至會對那樣的父母予以苛責：爸媽豈能在不孝兒女面前喪失尊嚴。在人性無法避免衝突的現實裡，什麼才是完美的倫常道德秩序？

另一個真例，一位白人教授在課堂上對所有學生提到他朋友的夫妻之道：老婆紅杏出牆，當老公的人不僅沒憤而離婚，反而幫她找猛男！

原來是老公自覺「無能」，對老婆深感愧疚，所以樂當龜公作為彌補；那對夫妻除了這檔怪事之外，比一般夫婦融洽。這是真愛？還是荒誕不羈的無恥？筆者絕非鼓勵這種「夫妻之道」，但傳統儒家倫理又會如何判斷此事，到底夫妻應如何相處才能達到真正的和諧與幸福？

筆者原本認為傳統價值與文化僅是不足罷了，稍加補充一些現代觀念即可圓滿，這也是文化復興運動開始後，衛道人士最常用的理由。

有幸能長時間浸潤在歐美自由主義大本營的環境裡，面對不同倫理道德的對撞以及不同政治理念的對衡，眾多生活實例讓人不得不去思考，為何同樣的事情，白人卻有著完全不同的價值觀？誰對誰錯？孰優孰劣？或是像衛道人士最喜歡引用的道德相對論：沒有誰對誰錯，以免陷入白人中心主義對儒家文化的偏見與誤判。

深信任何人只要有時間再三反思傳統文化的缺點，都能漸漸地察覺，傳統不僅只是「不足」而已。筆者透過歷史資料的爬梳，思緒路程就從傳統「不對」，一直到確認傳統是「不真」也「不善」。

爬梳的結果竟意外地超越了五四運動的結論，因為五四健將們只是打倒孔家店要去救出真孔子，但這本書的內容將證明造成這個不真、不善也不美之傳統的肇因，就是筆者在小學的大門外，必須先脫帽敬禮的銅像，至聖先師孔子！

為何他是癥結源頭？各地華人或多或少都讀過孔子的思想與倫理道德，但孔子的行為呢？換言之，我們都知道孔子的道德意識，但至聖先師的道德實踐如何？任何倫理道德若無法被實踐，只能是說來好聽、讀來好看的虛仁假義，而虛仁假義只會讓我們做人失敗。

這本書的內容，就是當初刺激筆者開始反省傳統而爬梳出來的歷史真相，希望有助於每個人堅定正確的價值觀，因為那是做人做事的成敗關鍵。

爬梳儒家的史料原本是一件人人都能做的簡單事，只因為大家寶貴的時間都被社會責任（家庭、工作、朋友）所綁住，才會讓一部醜劇播映了兩千年還不下片。筆者僅是幫大家節省一下蒐集史料的時間，希望您讀完之後，也能看透這樣的爛劇，看穿這個說了兩千五百年的謊言。

前言

對任何讀者而言，這本書若真的有什麼功用的話，應該是把沉積在歷史堆裡的孔子暗黑面呈現給現代人，畢竟兩千多年來的歷史潮流，都是讓華人淹沒在歌功頌德儒家的書海裡。

書中充滿反諷又頗為驚悚的孔子史蹟，市面上沒有書籍揭露過相同的內容；縱使是針對孔子所做的相同之事，深入挖掘之後就會發現「真相」與「傳說」竟然完全相反。這本書從不同的角度去觀察所謂的儒家至聖，也算是提供讀者們鍛鍊思辨能力的另類史蹟。

在此先舉些讓人驚嚇的聖人暗黑面，而這些事僅是書中的一部分而已：

二十九歲的孔子為何會贊成採用閹割生殖器官、剁鼻或砍腳的周禮酷刑，去對付輕慢統治者的人民？

三十八歲的孔子為什麼要禁止人民去了解刑罰規範的內容？當人民主體意識覺醒而要求統治者公布法律之時，至聖先師為何悍拒百姓的要求？

五十三歲的孔子到底有沒有謀殺深受人民擁戴的少正卯？為什麼任何人只要犯了儒家經典《禮記》所列的罪名，中國歷代的統治者就可以遵奉「聖人殺人的孔子之道」，不經過偵查跟審判就可立即殺死政敵？

五十四歲的孔子為何因「墮三都」而引爆魯國內戰？

七十歲的孔子為何堅持要發動對外的侵掠戰爭，而且還是在魯國飽受蝗災與飢荒的時刻？孔子之道的實踐，為何總是脫離不了軍事暴力？

大家都知道孔子是個極富爭議的人，但從讚美他與批判他的兩大陣營之論點，我們察覺一個有趣的事實：

讚揚孔子的人，都是宣揚他所說的話，卻不談至聖先師實踐過什麼孔子之道；批判孔子的人，都是指責他所做的事，因為至聖先師常常「用背叛原則的手段去實踐理想」，所以反對孔子的人往往痛罵儒家是說一套、做一套！

華人出版界有關孔子的書籍，百分之九十九點九都是讚揚他說過的話跟宣傳他的思想，但誰能說相同的儒家中國史，卻不能有另類的觀點呢？民主自由的台灣就是鼓勵不分男女老少的國民，都能「在公共領域用理性對主流意識形態進行批判」。

這本書就是因此而作的。

我們必須這麼做，因為只有歷史的真相才能透露出孔子真正的人格與品德；也唯有如此，我們才能徹底醒悟為什麼儒家文化絕對無法誕生民主政治，以及儒家中國為何必然地產生獨裁專制的政府。

但對台灣人而言，了解了這些歷史的真相，又有什麼用？

若能從客觀的史蹟去確證儒家思想是阻擾進步的最嚴重障礙，讓人人自覺地看清楚歷史的真相，進而清除了腦中的文化糟粕，那麼障礙進步的最大阻力自然會自動消滅。如此一來，台灣人除了避免重蹈華人世界必然的歷史悲劇之外，更可加速台灣在各方面皆能更快速進步的結果。

筆者產生這些不同結論所依據的資料，都是從儒家經典裡所挖掘出孔門師生的言行，並沒有運用近代學者對孔子的批判，例如陳獨秀、胡適或柏楊等諸位賢達對孔子的看法，都沒有作為這本書的立論基礎。

本書所依據的儒家經典有：《禮記》、《左傳》、《穀梁傳》、《荀子》、《周禮》、《孟子》、《公羊傳》、《儀禮》、《春秋》、《論語》。除此之外，還包括其他的儒家書籍跟史書，例如《孔子家語》、《國語》、《史記》、《漢書》。

上述那些震撼性的孔子事蹟，都是白紙黑字地記錄在儒家經典裡超過兩千年的相同史實，只是沒有人去爬梳而已。

為了順應當代讀者的閱讀習慣，筆者嘗試以最戲謔與最反諷的故事筆法（而非學術論述），運用爬梳出來的史蹟去刻畫出最真實的孔子原貌。這也是此書第一部〈我們被騙了！〉的內容。

除了陳述真實孔子的為人處事之外，為了平息讀者們飽受驚嚇的心靈（因為至聖先師做出許多無法置信的兇殘事實），此書會穿插一些孔子時代就已存在並讓現代人瞠目結舌的「後現代」之舉！

您千萬別以為現代人已經夠淫亂跟荒唐，這本書也是讓現代人順便瞧瞧「樸實敦厚」的古代人，都在幹些什麼荒誕不經又桀驁不馴的事情，例如換妻、人獸交、龜公君主、野外雜交趴等等「超現代」的行為。

而這本書的第二部〈攻詰儒家之錯的他山之石〉，是要回應黑格爾（Hegel）對孔子與儒家思想所做的批判，因為黑格爾研究《論語》之後就認為孔子之道以及儒家思想根本不值一哂，他覺得每一個民族的思想與文化，都能夠找到比儒家孔子更好的倫理道德。

黑格爾無法理解為什麼孔子之道竟然成為儒家中國的主流思想，人人奉為圭臬？

為何中國人兩千年來都認為孔子是身被光鮮亮麗之「素王龍袍」的至聖先師，但黑格爾卻覺得孔子根本就是光著屁股地穿著「國王的新衣」？

此書第二部所回應黑格爾的方式也很簡單，就是針對孔孟之道的民本思想、儒家的教化與感化力量等等議題，引用釋迦牟尼、印度阿修卡大帝（阿育王）、蘇格拉底、希臘雅典、猶太教、耶穌教等其他民族的價值觀與思想，藉以對照孔子的儒家價值觀。

黑格爾看不起孔子與儒家，到底是黑格爾的無知汙衊，或是黑格爾的真知灼見？

在此請讀者們先看一下黑格爾於一八二五到一八三〇年之間，在柏林講授歷史哲學的課堂裡，他對孔子以及《論語》所作之批判的內容如下（註一）：

「我們（黑格爾與歐洲讀者）看到孔丘和他弟子們的談話（論語），裡面所講的是一種常識道德，這種老生常談的倫理道德我們在哪裡都看得到，在任何一個民族裡都找得到，甚至比（論語）還要好。（論語）是毫不出色的東西，孔丘只是一個實際的世間智者，在孔丘的書籍裡，思辨的哲學是一點也沒有的。

「（論語）只有一些良善、老練的道德教訓，從（論語）裡面我們不能獲得什麼特殊的東西。西塞羅（Cicero）留給我們的《政治義務論》（*De Officiis; On Duties*）（註二）便是一本道德教訓的書，比孔丘所有寫過的書籍之內容更加豐富，而且還更好！我們根據孔丘的原著可以斷言：為了保持孔丘的名聲，假使他的書籍從來不曾有過翻譯，那反而是更好的事情（以免讓讀者們看破而丟人現眼）。」

接下來，就請您拭目以待那一個暗黑到使人發笑又頗令人驚悚的「真實孔子」！

註一：請參考由Kim, Young Kun所寫的〈Hegel's Criticism of Chinese Philosophy〉，收錄在夏威夷大學出版的學術刊物*Philosophy East and West*, Vol.28, No.2, pp.173-180, Sinological Torque. April 1978；另外請參考《喪家狗——我讀論語》（修訂版），頁四二一—四三，李零，山西人民出版社，二〇〇九年一月第四刷；黑格爾這一段批判儒家思想的觀點，乃是李零教授轉述黑格爾的《哲學史講演錄》，頁一一九—一二〇，北京三聯書店，一九五六年。

註二：有關西塞羅一本書的內容就勝過孔子所有的著作，依據Kim, Young Kun的英文論文是寫成：Cicero's De officiis is perhaps better and more interesting to us than all the works of Confucius put together.

凡例

一、因為這本小書並非學術著作，所以註解的格式適用華人思考的模式（書名、頁數、人名、出版社、年代），而不採用一般學術書籍引註的格式（人名、書名、出版社、年代、頁數）。

二、依據《左傳》魯定侯十年的記載，因為魯國的爵位是侯爵，所以這本書都將魯國國君「正名」為「侯」，不再採用孔子僭越周禮的做法，逕而妄自尊大地稱呼魯君為「公」。

三、關於中國的朝代，因為古中國奉行「家」天下，所以把皇帝家族的姓氏冠到朝代的國名之前，稱之為「嬴秦皇朝」或「姬周王朝」。採用皇朝或王朝的區分標準，是以國家最高領導人的頭銜為主，是皇帝就是皇朝，是國王就是王朝。

四、不論是「公元」或「西元」，都是沿用耶穌出生之年作為紀元開始的標準，因此書中不採用通俗的「公元」或「西元」稱法，而一律稱之為「耶穌紀元」或簡稱「紀元」。

五、書中人物的年齡都是法定足歲，不採用虛歲。

六、「信奉耶穌為神」的宗教只有一個，但是分成三大派。因為歐美傳教士的派別分歧，造成這三大派採用不同的中文譯名，導致華人誤認為有三個不同的宗教：基督教、天主教與東正教，並讓華人錯覺天主教是信奉聖母瑪利亞。筆者認為較好的做法，應該是以信奉耶穌為神作為教名的統稱（耶穌教），早期華人的翻譯也是如此。然後再依據各派自稱的派名作為區分，所以俗稱東正教（Eastern Orthodox）就應該是耶穌教正信派（orthodox的本義就是正統，引申為正確信仰的意思）。俗稱天主教（Roman Catholics）應該就是耶穌教普世派〔catholic，就是普世（universal）的意思〕。俗稱基督教（Protestant）應該是耶穌教改革派，因為它是抗議普世派而成立的改革新教派。

改用這三種名稱，應可讓華人世界了解原來信奉耶穌為神的宗教只有一個，但分為三大宗派。

第一部

我們被騙了！

大家都曉得我們所認知的孔子，是經過兩千年歷史所形塑出來的「聖人」，但是這個「孔聖人」的形象與真正歷史裡的真實孔子到底有多大的差別？想知道歷史真相的人應讀此書，因為真正的史實是頗驚人的，除了顛覆我們的認知之外，更可訓練我們的思考與分辨能力！

但在跳入歷史裡去探尋「真正的孔子為何要動用周禮酷刑使人民殘廢」等恐怖真相之前，先用兩個輕鬆有趣的故事體會一下孔子的人際關係，瞧一瞧孔子跟他最得意的學生，就是儒家稱為「復聖」的顏回如何相處；以及孔子既然主張「女人不是人」，他又如何跟太太一起生活。

顏回的一簞食與孔子的膾不厭細

話說孔子在五十出頭的年紀當了高官（大司寇），心情特別好。某一天他突然想起自己最欣賞的學生，顏回。因為孔子政務繁忙，所以好些日子沒看到他。大司寇孔子當下決定親自去探看住在到陋巷貧民區的顏回。

在此懇請看官讀者們先記住「大司寇」這個官名，後面會提到它是一個多麼令人驚悚的大官。

孔子搭著官方的馬車，很快就到了顏回居住的陋巷，但巷子太小，孔子只能在巷口下車用走的。

還沒靠近顏回的家，就聽到他那不算太有力氣的聲音，在誦詠著幾句話：「堯舜何人也？予何人也？有為者亦若是！」（註一）

這句文言文的話無法觸動現代人的神經，必須換成現代版的內容才行，顏回就是說：「蔣介石跟毛澤東是什麼樣的人？而我（顏回）又是什麼人？一個人只要有所作為的話，我（顏回）也可以跟蔣介石、毛澤東一樣的偉大。」

聽到顏回這種氣勢磅礡的不慚大言，不愧是儒家崇拜的「復聖」！

孔子進屋看到顏回正準備開飯，吃的就是簡簡單單的一簞食（可能是竹筒飯），喝的也就是一瓢飲，這就是顏回的一餐。

顏回的一簞食不可能是白米飯，應該是粗穀雜糧，可能還混雜了不少細沙碎石，畢竟這裡是陋巷呀。

顏回的一瓢飲也不可能是清澈沁涼又甘甜的礦泉水，應該是混濁而且味道難聞的井水，因為顏回住在陋巷呀。

但是孔子看了之後卻很欣慰地說：這種等同於喝地溝油的日子，大多數的人不僅會自怨自嘆，更想乾脆自我了斷，可是顏回還能樂此不疲，真是一個賢能的人呀。

孔子順便對幾個陪他前來的儒家子弟說：做人要「憂道不憂貧」（註二），更應該「食無求飽、居無求安，就有道而正焉」（註三）。孔子是說做人不要怕貧窮，只怕無法實踐儒家之道。

所以孔子趁機教導子弟們要多多向顏回學習「如何安於清貧之道」，不要整天只想吃香喝辣。

孔子更板起聖人的臉，用《論語》〈述而〉第十六章的道理曉諭身旁的孔門子弟：「飯疏食，飲水，曲肱而枕之，樂亦在其中矣。不義而富且貴，於我如浮雲。」

孔子是說就算他只是過著吃粗食、喝井水，窮到只能把手臂拿來當枕頭的清苦日子，他也能樂在其中；若是不仁不義才能獲得的富貴，那種富貴對他而言有若天上浮雲。

孔子身邊的儒家子弟們一聽到這幾句微言大義，趕緊拿出筆刀刻在竹簡上，準備好好加以實踐，以免枉費孔子的教誨、教導跟教化！

孔子說完之後，望著顏回屋內的朽舊餐桌，上面擺著那一簞食跟一瓢飲，他竟然不知不覺地餓了，便打算回府吃個飯。

回到司寇府之後，孔子就趕緊命令府內的司廚做飯。

等沒多少時刻，廚師就端出上等肥豬肉所做成的精膾，孔子發現肉切得還不夠細，馬上板起臉叫司廚再把膾肉拿回去切得更細。為了把肉切得再細一些，司廚還割傷了自己的手指，但他還是趕忙著把膾肉端出去。

上等精膾端上桌後，孔子環視一下餐桌上所擺設的高級杯筷、精美盤碟，發覺沾醬不對味，立即叫人換上能夠搭配細膾的頂級醬料。

一頓飯下來，孔子吃了不少肉，更喝了許多酒，因為身為大司寇的孔子，能夠享受到政府免費供應的高檔酒，所以他每餐都要點無限量供應的美酒。這就是《論語》〈鄉黨〉第八章所說的：孔子「食不厭精，膾不厭細，割不正不食、不得其醬不食。酒無量，不及亂」。

若是一整天都只能吃「一簞食、一瓢飲」的顏回，當他看到孔子滿桌上豐盛又美味的食物，他就不會再喊：「舜何人也？予何人也？」

顏回那時必定歇斯底里地改喊：「至聖先師，我八豆么（註四），請分些美食給我！孔大聖人呀，除了講出好聽的言教之外，更希望至聖先師也能身教！」

孔子離婚：女人不是人？

孔子依據儒家思想那種一板一眼的形式教條，例如肉割不正就不吃等等繁瑣雜規，深信所有幫傭的人也受不了如此刁鑽的儒家至聖，司廚罷工之後，只好改由孔子的妻子親自下廚。

某一日孔子下班後，當老婆辛辛苦苦地把飯菜煮好擺在桌上，孔子竟然不吃，還聲嚴色厲地說：「肉割不正，不吃！」至聖先師果然又來這套。

他的老婆只好急急忙忙又小心翼翼地按照孔子的意思，重新把肉切正再端回去擺好。

原以為這樣應該就可讓孔子滿意，結果他又杵立在那邊不肯坐下來。原來，「席沒擺正，不坐！」

孔妻只好慌慌張張地趕緊把席子擺正。

好不容易總算可以開飯了，孔妻想要移轉尷尬的氣氛，覺得紫色很漂亮可以讓孔子欣賞，她就拿出前天才買的一件紫色衣裳，準備在孔子面前炫耀一下。

沒想到孔子看到之後大聲喊出：「『惡紫奪朱』，把那件衣服拿去丟掉！」

他老婆想放些輕鬆的音樂改變令人窒息的氛圍，結果音樂才放沒多久，孔子竟然歇斯底里地吼著：「惡鄭聲奪雅樂！」

原來他太太播放的是天下人都喜歡的流行音樂，鄭國的「靡靡之音」，但這種流行音樂卻是孔子最討厭的。

夭壽，孔子有這樣的個性，他的妻子必定要經歷很多難受的事情。天底下有哪一個女人能夠天天遭受這種折騰，然後還不會抱怨？

但若身為孔妻卻敢抱怨，孔子就可依據封建道德休掉「孽婦」。依據《禮記》〈檀弓上〉的記載，因孔子與正妻已離婚，所以他要兒子把母喪期間縮短（喪期跟沒有離婚的母親不同）。

離婚在現代是很常見的事情，但在古代只有男人可以「出妻」，女人無法主動跟丈夫提出離婚的要求。孔子時代的男人可以「出妻」的原因有七種：不孝公婆、沒有生兒子、「淫蕩」、忌妒、有重大疾病、竊盜行為，還有「多言」。

因為孔子父母早死，孔子也有兒子，而且我們無法想像孔妻是一個淫蕩之女，所以孔子最可能的離婚理由應該是「多言」。

但什麼是「多言」？應該就是話講太多。但是什麼話講太多會導致丈夫把妻子休掉？「多言」當然不可能是夫妻之間的甜言蜜語，最可能的解釋就是妻子對丈夫的抱怨。

碰到孔子這種偉大又難伺候的男人，女人應該都會嘀咕幾句跟小抱怨一下，但這恐怕就犯了古代休妻的七個理由之一（多言出妻）。夫妻不是應該要相忍為安嗎？身為人間道德導師的孔子，卻沒有反省自己僅注重形式禮儀，導致妻子忍受不了而抱怨，就因如此小事便要離婚？難道在夫妻方面的事，儒家聖人也只能沉淪到凡人俗夫的等級？

聽到孔子揚言離婚，他老婆也動了氣，「離婚就離婚！像你這麼難伺候又難搞的男人，就留給別人去搞唄，老娘不幹了！」

沒想到自己的太太竟然不怕離婚的威脅，我們猜想孔子那時應該大罵：「唯女子與小人難養也！太親近女人，就忘了對我（孔子）應該要畢恭畢敬；若不想理她們，女人就滿心抱怨，簡直跟小人一樣難以相處。」（註五）

原來女人在孔子眼裡只能算是小人，但這恐怕還不是最糟的性別歧視，因為孔子越想越氣，接下來也越罵越難聽。孔子說周武王雖然有十個開國功臣，但其中一個是女的，所以只能算九個。

這就是《論語》〈泰伯〉第二十章，「武王曰：『予有亂（功）臣十人。』孔子曰：『有婦人焉，九人而已。』」

女人不僅被他罵成是小人，「在孔子心裡面，女人根本就不是人！」

還好孔子不是生在現代，否則這種充滿嚴重性別歧視的言論，保證孔子會被女性主義者告到死、告到滿。

獨尊儒術之後，古代中國對於敢抱怨丈夫的妻子，到了後來不僅是休掉而已，還有人因此將妻子活活打死（曹魏帝國的桓範）。

桓範是三國時代的高官，但為人非常難以相處，他的妻子只是挖苦他「當部屬時會氣死長官，自己當長官時又會氣死部屬」，結果惱羞成怒的桓範就用刀柄猛擊懷孕的妻子致死！

老婆對老公施展這種尖酸刻薄的「幽默感」也是常有的事情，沒想到古代男人一聽之後，竟然痛下殺妻的毒手。我們很懷疑是否因為儒家至聖先師孔子主張「女人不是人」，所以「感化跟教化」了古代的男人？希望當代儒家分子沒有接受孔子這樣的思想。

看完孔子私底下的為人處事之後，我們可以快速回想腦海中有關孔子的記憶，也就是「儒家版」的至聖先師，比較一下教育體系內的孔聖人與真實歷史的孔子。

儒家版本的孔子一生

除了少數像筆者這種食古不化的怪咖之外，絕大多數的人對孔子的印象，差不多是覺得至聖先師自幼喪父，但他從小就非常努力地學習，後來還開創私人的學校，做到「有教無類」。孔子大約五十歲之時投入政治，短短三個月的治理就讓魯國大治，而且主持齊魯兩國的夾谷盟會，取回魯國喪失的土地。

除此之外，孔子還當上了魯國的高官（大司寇），最後孔子為了削弱權臣的囂焰，進而恢復君主的權威，所以他發動了拆毀權臣根據地之堡壘的「墮三都」事件，但不幸遭到失敗。

儒家書籍敘述孔子因小人的忌妒、毀謗與離間，不得不離開魯國而周遊列國。在流浪十四年的期間，遇上小人多次從中作梗，害他無法得到君王的聘用。孔子在六十八歲的高齡返回魯國，帶領一些年紀小他三、四十歲的學生們制禮作樂、刪定詩書，奠定儒家中國文化的基礎。

當齊國權臣（陳成子）弒殺國君齊簡公，孔子為了「撥亂反正」並且杜絕「以下犯上」的亂象，再三促請魯國國君跟三桓權臣發兵討伐叛臣陳成子，但遭到魯君的拒絕，最後不得志地鬱鬱而終。

除了上述的粗淺印象之外，現代教育體系讓學生們從書中讀到孔子所說的倫理道德，所以儒家主張孔子的為人樹立了「品格的典範」，他的一句話就是文化的核心，因此記錄孔子言論的儒家書籍就是建構倫理道德的支柱。

儒家認為人民應該從小就學習孔子的道德教誨，因為他體恤人民、愛好和平、珍惜生命；現代儒家還主張孔子更是在兩千五百年前就開始弘揚人性尊嚴以及人文終極關懷，比歐美白人還早千百年。

總而言之，依據歷代中國教育體系的觀點，只要精通儒家思想就能讓一個人的生命找到永恆的意義，孔子絕對是一個具備了崇高道德的君子，更是萬世楷模的至聖偉人！

越是有這種認知的讀者們，就更應該看這一本書，因為從客觀的史蹟以及儒家正統經典裡所記載的真正孔子絕對不是如此，所以才有了「我們被騙了！」的副標題。

「當平民百姓開始產生主體意識，孔子會如何對待人民？」

這個重要的議題將是接下來要探討的內容。此單元將由以下四個史例組成，前兩個是孔子當官前的史蹟，剩下兩個例子是他當官時的記載；藉著這些史蹟讓人了解所謂的「孔子之道」是如何「一以貫之」（註六）。

在此，也懇請讀者們了解筆者不是用現代人的價值觀去批判古代的孔子，因為針對所列舉的每一個史例，筆者都會提供跟孔子同一時代（甚至比他更早）之人的價值判斷，根據那些反對孔子的古人言行，讓讀者們明白這本書對儒家思想的評論，絕非古代與現代的差別，而是善惡的選擇以及是非的判斷！

註一：《孟子》〈滕文公上〉第一章。
註二：《論語》〈衛靈公〉第三十二章。
註三：《論語》〈學而〉第十四章。
註四：台灣河洛話的「肚子餓」。

註五：《論語》〈陽貨〉第二十五章。

註六：《論語》〈里仁〉第十五章。

第一單元

孔子極力反對人民主體意識覺醒的事蹟：孔子之道，如何一以貫之？

第一個史蹟

二十九歲的孔子為何會贊成採用閹屌、剁鼻或砍腳的周禮酷刑，去對付輕慢統治者的人民？

孔子滿二十九歲之年（註一），發生了一件國際大事。歷史上鼎鼎大名的鄭國執政大臣，國僑（子產）逝世。依據《左傳》魯昭侯二十年記載：「子產卒，仲尼（孔子）聞之，出涕曰：『古之遺愛也。』」

其他國家的執政者死亡，竟然會讓孔子悲傷到痛哭流涕，可見孔子對國僑的景仰跟崇拜有多麼深，因為他認為子產有著古人的愛民之心，國僑的死是天下的損失。

國僑最被人稱頌的事蹟，就是他剛執政時（耶穌紀元前五四二年，孔子九歲），鄭國人民常常聚集在鄉校裡批評國僑的施政措施。

當時就有鄭國大夫建議國僑應該拆毀各地的鄉校，藉以杜絕百姓群起反抗國僑所代表的統治集團。

國僑不愧是名傳千古的人物，他用高深的政治智慧，反過來機會教育那些只比螞蟻的胸襟更加豁達的官員：「不需要拆掉鄉校，因為人民在鄉校評論執政結果的好壞，這是有助於執政的。若是國家領導們做得好，除了在瘋人院掛急診的病患之外，絕大多數的人民都會拍手叫好。若是施政結果會導致人民站在街上，用怒目金剛的表情『殷切地問候』執政者的母親跟祖宗八代，那就盡速改正以免討罵，別以為拆毀鄉校就可以阻止人民問候娘親的禮儀。」（註二）

國僑主張任何官員應該盡力做好政務，這樣才能減少人民的抱怨；統治者絕對不能高高在上，自以為透過作威作福的手段，就能讓百姓閉口並服從統治階級。當官的人呀，要知道人民的嘴巴除了用來呼吸跟吃飯之外，更是用來罵政府的！

想堵住百姓天生就會批判政府的嘴巴，就好像堵塞河流一樣，一旦民怨累積成洪水導致潰堤，那就不是任何執政者有辦法收拾的嚴重局面了。

光看以上的故事，人人都會認為國僑（子產）是一個偉大的政治家，若沒有發生下面史蹟的話。

正當孔子走在市集上卻因哀傷國僑過世而哭得鼻涕滿嘴、淚水滿面之時，一些從鄭國到魯國做生意的商人卻說國僑不仁。

為什麼他們說國僑不仁？他都替平民百姓做到這樣的地步了還不夠嗎？

鄭國商人向在場的魯國群眾訴說國僑臨終之前，教導下一任執政大臣（游吉），應該採用「猛刑、猛政」去管理人民，縱使讓人民殘廢都沒關係！

原來依據《左傳》的記載，國僑病重時對游吉（子大叔）說，若他死之後，一定是輪到游吉擔任鄭國的執政大臣，國僑就把他一生掌權的政治祕訣分享給游吉。

國僑認為統治階級管理平民的方法只有兩種，一個是寬大的方式，另一個就是嚴厲的手段。他主張只有德高望重的執政者才能以寬大的方式成功地執政，但絕大多數的掌權人只能用嚴厲的手段讓人民順服。

就好像烈火一樣，灼熱的高溫令人不敢靠近，所以被火燒死的人反而較少；但是水看起來容易親近，造成淹死的人反而比較多，所以寬和的手腕不是政治人物應該採用的執政方式。

看官們，深信您們應該驚呆了，至少我第一次讀到這段歷史的時候是嚇傻了！說真的，我們很難相信鼎鼎大名的國僑（子產），在他內心深處竟然是這樣看待平民百姓的。

縱使是中國歷史上這麼偉大的子產，在他臨死之前所講的話，應該是「人之將死，其言也善」的肺腑之言，結果這麼掏心掏肺的話，竟然是教導下一任執政大臣應該採用猛政、猛刑等等殘酷鎮壓的統治手段去管理鄭國人民，難怪當時就有人批評「國僑不仁」。

這也讓我們領悟一個可怕的事實：不民主的統治階級之好壞，只有程度上的差別，不可能有本質上的不同；絕對不能寄望或奢想統治階級會無私無我地奉還統治主權給人民。無法做到主權在民之封建政權的本質，無論他們表面上多麼勤政愛民，骨子裡還是站在人民的對立面。

當時的人民批評國僑（子產）不仁，證明了古代人的價值觀也不認同政府可以採用猛政猛刑作為統治的手段。

那麼游吉能做得比國僑更好嗎？而至聖先師孔子又是如何看待這件事？

我們先說游吉再看孔子。游吉當上執政大臣之後，《左傳》說他不忍心用猛烈的殘酷手段統治人民，於是他就從好好先生幹起。不過我們推測游吉不是不忍心，而是要去證明他是一個靠著「高尚品德」就能贏得民心的偉大政治人物。

依據《左傳》紀元前五二二年（魯昭侯二十年）的記載，當時鄭國有不少人聚集在水澤附近，準備狠狠拍打游吉這個不要臉又自以為帥的偽君子。他們透過盜掠百姓財物的方法，讓游吉知道他在人民心目中是一個多麼醜陋的無恥政客。

游吉自以為仁義道德的行徑，反把自己搞得灰頭土臉，他深恨鄭國的水滸豪傑們如此不賞臉，只好扯下偽善的假面具，露出統治階級猙獰的真面目，發兵攻打水澤盜賊，將之全部殺死。

以上是游吉的片段，那麼至聖先師呢？

孔子得知國僑和游吉之間關於應如何執政的對話後，就提出自己的看法跟心得，至聖先師說：「善哉！政寬則民『慢』，慢則糾之以猛。猛則民殘，殘則施之以寬。寬以濟猛，猛以濟寬，政是以和。」

把上一段話翻譯成現代中文之前，請特別注意孔子用了一個字去形容人民對政府的態度，那就是「慢」這個字，而不是其他的字。

「慢」，就是輕慢、怠慢、藐視、戲弄或看不起的意思。換言之，「慢」只是平民百姓們不把統治者放在眼裡而已，所以「慢」絕對不是指人民去盜竊，更不是指平民去殺人。

誰理你呀，掌權的人！老百姓們如是說。

所以孔子那一段文言文就是說他認為統治階級若是對待人民寬大，就會導致人民輕視（慢）統治者，孔子因此大力贊成統治階級先用嚴厲的手段（猛政、猛刑），去摧殘任何一個「膽敢」輕視政府的人民。

等到嚴厲的統治手段已經達到「殘害」人民的程度，讓平民百姓都不敢再藐視統治者之後，再用寬大的手腕去安撫人民。

所以執政的統治階級要懂得交替並用「猛政」以及「寬政」去管理人民，這樣做才是導致政治和諧的最正確方式。

至聖先師如是說！

孔子到底要用什麼「猛」讓人民「殘」？至聖先師所說的「猛」跟「殘」又是什麼意思？

依據《周禮》這本儒家正統經典的〈秋官司寇〉篇章中，共有五種刑罰，也就是孔子時代的周禮五刑。

其中最輕的刑罰就是在臉上刺青，這不會是導致人民「殘」的「猛政、猛刑」；而最嚴重的周禮酷刑就是死刑，這是使人民「死」而不是使人民「殘」的周禮酷刑。

那麼孔子究竟是主張用什麼猛政、猛刑使人民「殘」？

《周禮》〈秋官司寇〉還記載了其他三種酷刑，應該就是孔子要拿去對付膽敢「輕慢」統治者之平民百姓的猛刑了，因為這三種「猛刑」都會讓人民嚴重殘廢，那就是刖刑（砍掉雙腳）、劓刑（剁掉鼻子）以及宮刑（閹掉生殖器官）！

看官們，我們千萬別以為周禮是文質彬彬、溫柔敦厚又揖讓而升的禮儀，其實真正的周禮更包含著令人髮指的酷刑。

人民不是去偷竊、平民不是去搶劫，百姓們更不是去殺人，群眾只是不把有權有勢的官爺們放在眼裡而已，很難相信二十九歲的孔子就因如此，進而大力贊同統治階級可以動不動就剁掉人民的鼻子，或是閹掉百姓的生殖器官，再不然就是砍掉平民的雙腳。

誰說孔子不嚇人！當時的人就因此而批評子產不仁，那麼大力贊同國僑的孔子，豈不是「孔子不仁」？

儒家書籍主張孔子之道是儒家思想的最高理念，若是推行孔子之道便可以使人跟天地一同參化萬物，並讓天生蒸民不失原來的善性。但是孔子之道若真的付諸實踐之後，竟然會去閹割人民的生殖器官？

這種嚇人的猙獰面目，還可以在另一本儒家正統經典《穀梁傳》魯定侯十年的記載看到，那時的孔子已經超過五十歲了。

當時齊魯兩國舉行夾谷盟會，齊景公召喚舉止滑稽的侏儒們上台表演那個時代的幽默喜劇，但是為人保守的孔子認為這是戲弄君主的輕慢之舉。於是孔子跳上盟壇又高喊著：「戲君者，死！」

孔子就是說戲弄、輕慢統治者的人必死無疑，結果至聖先師當場就叫魯國軍官把那些侏儒斬首或剁腳了！

筆者第一次從歷史記載看到真正的孔子竟然如此兇殘，內心也是非常震撼的，當時就在想，倫理道德教科書裡的至聖先師，應該是非常溫良恭儉讓的，為何在真實歷史中的孔子卻是這樣恐怖？

或許孔子之道真的是「一以貫之」的緣故，所以對儒家而言，不論是年輕的孔子或是中年的孔聖人，統治階級的威望是絕不容許任何人民輕慢、戲弄或挑釁的，哪一個老百姓膽敢這麼做，管他是巨人或侏儒，至聖先師絕對會「用猛使民殘」！

任何讀者若絕不相信孔子竟然會贊同執政者「用猛使民殘」，懇請您務必撥冗看一次《左傳》的原文如下：

魯昭侯二十年：子產有疾，謂子大叔（游吉）曰：「我死，子必為政。唯有德者能以寬服民，其次莫如猛。夫火烈，民望而畏之，故鮮死焉。水懦弱，民狎而翫之，則多死焉，故寬難。」

大叔（游吉）為政，不忍猛而寬。鄭國多盜，取人於萑符之澤，大叔悔之曰：「吾早從夫子，不及此。」興徒兵以攻萑符之盜，盡殺之，盜少止。

仲尼（孔子）曰：「善哉！政寬則民慢，慢則糾之以猛，猛則民殘，殘則施之以寬。寬以濟猛，猛以濟寬，政是以和！」

第二個史蹟

三十八歲的孔子為何禁止人民去了解刑罰規範的內容？

除了二十九歲的孔子要動用猛刑使人民殘廢之外，耶穌紀元前五一三年（魯昭侯二十九年，孔丘滿三十八歲），這一年冬天，晉國執政大臣趙簡子向國內貴族們徵收重達四百八十斤的生鐵用來鑄造刑鼎，並把以前的執政大臣（范宣子）在夷地閱兵時所頒布的刑罰規範，打鑄到鐵鼎上。

如此一來，晉國人民都可以看到統治階級用什麼規範作為處罰人民的依據。晉國的趙簡子這麼做的原因，應該是效法二十三年前的國僑。

當時的鄭國百姓起來反抗統治階級，他們要求貴族們必須公布刑罰規範的內容，而國僑為了順應民心，就把周禮刑罰規範鑄造到銅鼎上，讓鄭國人民清楚地看到統治貴族刑罰平民百姓的依據何在。

原來古代人民沒有資格看到法規的內容，只有貴族才有此權限。不像現代人，假使官員們拿六法全書給人民看，我們還嫌煩呢。

當時晉國的大臣（叔向）就誓死反對國僑公布刑罰規範，並堅決不准人民享有看到法規的權利。叔向還不惜撕破他與國僑之間的私人友誼，大罵國僑竟然向鄭國人民妥協又讓步，嚴重危害到統治階級的既得利益。

順便讓看官讀者們了解一下，這位叔向乃是孔子大力宣揚的儒家君子，因為孔子稱讚叔向做人是「古之遺直」，做事更是「不隱於親」。

後面會再提到這位儒家君子的兒子如何被一樁換妻風波搞到滅族。

從晉國的叔向反對鄭國的子產公布刑罰規範讓人民知道，到晉國的趙簡子公布鐵刑鼎才短短二十三年。晉國政府的態度會有一百八十度的轉變，應該是晉國人民看到鄭國百姓抗爭成功之後，也紛紛群起要求晉國的統治階級應該公布懲戒的規範，否則老百姓們有如眼瞎耳聾的人，凡事由統治階級說了算，任由官員們生殺予奪。

雖然儒家君子叔向反對人民主體意識覺醒的行徑還讓人記憶猶新，但這次輪到晉國政府也不得不順應民心，把刑罰規範鑄造在鐵鼎上，讓全國人民看到貴族們是依據什麼法度去處罰平民百姓，而不是任憑統治階級的自由心證就可說了算。

那麼儒家聖人孔子對這件事情又是採取什麼立場呢？

孔子是贊成趙簡子跟國僑的做法向人民公布刑罰規範？或是他覺得叔向的主張才是對的呢？您猜呢？

號稱愛民又被推崇為深具民本思想的至聖先師，他效法叔向的作為（不准平民百姓知道懲罰規範的內容），至聖先師更是大力批評趙簡子公布規範內容的作為。

再次懇請讀者們記得，筆者絕對不是用現代人的價值去謾罵古代人，因為孔子時代就已有意見對立的兩派人馬在爭執同一件事了，所以這些事不是現代與古代的差別，而是對錯與是非的判斷。畢竟這件事涉及了統治階級與政府官員應該如何應對人民主體意識覺醒之後的抗爭，此事值得現代人參考。

那麼政府公布法律讓全國老百姓知道，到底是一件好事還是壞事？孔子為什麼要極力反對？

假使台灣政府膽敢把所有法律規範鎖起來，不准任何平民百姓知道，只准行政與司法官員們照著法規作為課稅以及處罰人民的依據，您想想看，台灣人民會不會鬧武力革命？

公布法律讓人民知道當然是有利於平民百姓的好事情，最重要的一個好處就是人民可逐漸增強自己的權力。對於某些行為是否構成犯罪或是應該處罰多重，百姓們可以有自己的解釋話語權，不再任由統治階級擅自斷定犯罪行為跟處罰輕重。

平民百姓想要爭取自己的話語權，就是人民主體意識開始覺醒的時刻：平民百姓跟統治貴族們一樣都是人，統治階級也需傾聽跟接受人民所提出的抗辯理由，不能再由統治階級單方面獨裁獨斷。

當人民主體意識開始覺醒時，第一個要反對的事情就是阻止統治者繼續無憑無據地隨意處罰人民，而能夠達到這個目標的首要之務，就是迫使統治貴族們公布法律規範的內容。

春秋時代的鄭國人民開了第一槍，晉國百姓接著開炮，而六十二年之後（紀元前四五一年），連遠在西歐的羅馬平民也起來反抗貴族，迫使羅馬的統治階級公布了人類文明史上赫赫有名的十二銅表法！

這麼好的事情，為什麼至聖先師孔子要大力反對？

懇請讀者們千萬別忘記歷代儒家是如何讚捧至聖先師的言論：孔子最愛惜人民、孔子最體恤百姓的痛苦、孔子高舉人性尊嚴……

要了解孔子為何反對人民享有知道刑罰規範內容的權利，先讓我們將《左傳》原文的大略意思翻譯成白話文，再逐一分析孔子的反對原因，藉以了解孔子真正的人格與品德。

《左傳》那段記載是這樣說的：「孔子得知晉國公開刑罰規範的消息之後，就採取烏鴉嘴伎倆詛咒晉國將要滅亡了！

「孔子主張晉國的統治階級應守住開國君主（唐叔）所受的法度，如此一來才能使人民尊重貴族，而貴族才可藉此保住既得利益跟統治地位。這麼做的話，統治者的尊貴地位以及人民處在低賤階級的狀態就不會改變，孔子認為這才是應有的法度。這也是當初晉文公在閱兵時所制定官階爵位的被廬之法（註三），文公因此成為霸主。

「現在晉國統治者放棄這個貴賤嚴明的階級制度，反把刑罰人民的法規鑄造在鐵鼎上面，任何一個平民百姓都可以清楚地看到刑罰他們的規定，那麼平民百姓就不會再遵守貴族們所主張的周禮規範，屆時人民必然紛紛起來抗辯。

「到時候統治階級的貴族們如何守住既得利益與統治地位？一旦統治貴族們與平民百姓之間的階級秩序被打亂了，那還能成為一個國家嗎？

「何況范宣子的規範內容乃是當初晉國在夷地閱兵時所頒布的律令（蒐），那是攪亂晉國階級制度的法規呀，怎能拿來作為管理人民的依據？」

相信大多數人對孔子如此反對人民的言論，必定大感吃驚；懇請撥冗對照上述翻譯內容以及《左傳》的原文如下：〔耶穌紀元前五一三年（孔丘滿三十八歲）〕

魯昭侯二十九年，冬，晉趙鞅、荀寅，帥師城汝濱，遂賦晉國一鼓（四百八十斤）鐵，以鑄刑鼎，著范宣子所謂刑書焉。

仲尼（孔子）曰：「晉其亡乎，失其度矣！夫晉國將守唐叔之所受法度，以經緯其民，卿大夫以序守之，民是以能尊其貴，貴是以能守其業，貴賤不愆，所謂度也。文公是以作執秩之官，為被廬之法，以為盟主。

「今棄是度也，而為刑鼎，民在鼎矣，何以尊貴，貴何業之守？貴賤無序，何以為國？且夫（范）宣子之刑，夷之蒐也，晉國之亂制也，若之何以為法？」

孔子為什麼提出上述的反對理由？一個國家的統治階級跟平民百姓不再有貴賤之分有那麼嚴重嗎？

讓我們逐一分析孔子反對人民的理由，這些逐一分析真的很重要，因為它幫助我們如何去思考跟分辨主流意識形態的真假，更是了解真正孔子為人處世的歷史證據。

至聖先師孔子反對公開刑罰規範之目的，就是要維護「民是以能尊其貴，貴是以能守其業，貴賤不愆，所謂度也」。

孔子的意思就是說唐叔跟晉文公的開國規範，是能夠讓平民百姓繼續奉行「統治階級尊貴、平民百姓卑賤」的封建制度，如此一來貴族才能守住統治地位跟既得利益，這才是所有國家應有的法度。

這也證明了孔子念茲在茲的最重要事情，就是：「貴族守住尊貴的統治地位，平民百姓要繼續過著卑賤的生活（貴賤不愆），周禮孔仁的政治制度就是要維持這樣的社會結構，絕不能讓貴賤的秩序混亂！」

孔子基於這樣的政治目的，提出他反對趙簡子鑄造鐵刑鼎的理由。

至聖先師反對公布法律的第一個理由是：「今棄是度也，而為刑鼎，民在鼎矣，何以尊貴，貴何業之守？」

孔子的意思就是說，一旦晉國放棄原本的法度（周禮）而去鑄造刑鼎，人民看到刑鼎的規範內容後，又怎會再尊重貴族行使懲罰的權威？如此一來，統治貴族又如何守住其家業跟統治地位？

對於儒家聖人孔子而言，我們再一次看到最重要的事情不是人民的福祉，也不是人性尊嚴，更不是仁道愛人。孔子最怕的是人民不尊奉統治者，孔子最無法容忍平民百姓看不起統治階級。

孔子反對公布法律的第二個理由是：「貴賤無序，何以為國？」

這個理由再一次證明孔子內心是多麼在乎一個社會的貴賤秩序，儒家至聖先師是多麼害怕統治階級喪失尊貴的地位。難怪漢武帝不肯獨尊墨家也不會獨尊道家，儒家之所以能夠獲得獨尊的地位，應是孔子思想的核心價值，是在確保統治階級的權勢地位與既得利益。

厲害了，我們的孔子！

至聖先師反對公布法律的第三個理由是：「宣子之刑，夷之蒐也，晉國之亂制也，若之何以為法？」

「蒐」就是閱兵或軍事行動時所頒布的規範，可見趙簡子公布的內容，應該是范宣子在夷地閱兵時所頒布的律令。

我們雖然藉此知道了「蒐」的種類屬性，但「蒐」的內容是長什麼樣子？孔子為何說范萓子的「蒐」是晉國的亂制？這個「蒐」又亂了什麼事情？

我們可以從趙簡子鑄造鐵刑鼎二十年之後的歷史，去推敲范萓子之「蒐」的內容。

趙簡子在紀元前四九三年也為了軍事行動而頒布一個「蒐」，那個「蒐」的內容涉及趙簡子用經濟利益獎勵戰功，讓貴族官員們獲得土地。現代人是有土斯有財，古代人卻是有土斯有權，因為在古代能獲得土地（封土），也是分享到政治權力的方式之一。

除此之外，趙簡子頒布的那一個「蒐」，還涉及平民與奴隸之社會地位的改變。所以我們推測「范宣子之刑」對晉國平民百姓來說，應該也是改變平民與奴隸的社會地位，導致貴賤秩序的變動，攪「亂」了晉國原本的階級制度，孔子才會嚴厲斥責范宣子的「蒐」是晉國的亂制。

這才是孔子大力反對公布鐵刑鼎的最主要原因，因為任何足使周禮貴賤階級秩序「混亂」的作為，都是會讓孔子抓狂的事！

趙簡子在耶穌紀元前四九三年所頒布的軍令內容，記載在《左傳》魯哀侯二年，其內容足可證明以上的推論。

原來那一年衛靈公逝世，而衛靈公的兒子（蒯聵）與孫子上演父子爭奪權位的醜劇，衛國冊立衛靈公的孫子為國君（衛出公），晉國執政大臣趙簡子接納投奔而來的蒯聵，並且決心幫蒯聵奪回君權。

但是趙簡子的政敵范氏、中行氏結合鄭國反抗趙簡子，當時齊國國君（齊景公）運糧支援范氏跟鄭國，雙方的軍隊在戚地爆發激烈的戰爭。

趙簡子為了激勵士氣，便向晉國將士們頒布了那個非常有名的「蒐」（軍事律令），除了嚴刑峻罰任何作戰不力的人之外，其他的內容如下：

「這次作戰能夠立下戰功的上大夫可以得到一縣的土地，下大夫可以得到一郡的土地（註四），武士可以得十萬畝（註五）。而立有戰功的平民與工商階級的人可以當官（晉升到武士階級）。若是奴隸能夠立下戰功，就可以獲得自由！」這就是戰爭時所頒布的「蒐」之內容。

而趙簡子鑄造到鐵刑鼎的內容，就是范宣子在夷地閱兵時所頒布的刑蒐。可以推論范萱子的「刑蒐」除了刑罰人民的內容之外，應該也有突破階級的效果，讓沒有官職的平民百姓擠進統治階級的小圈圈，也能讓奴隸獲得自由權。

依據現代普世價值的觀點來看，這是很值得鼓勵的事情，但這種「攪亂」貴賤制度的政治措施，反而是聖人孔子跟儒家君子叔向極力撻伐的「貴賤無序、民不再尊敬貴族、貴族無法守住其業」的作為，所以孔子才會如此痛恨「范宣子之刑，夷之蒐也，晉國之亂制也」！

歷代儒家宣稱孔子是「民族的道德信仰、文化的精神象徵、禮儀的倫理本源」等文化事業的承傳人，但在真實的歷史裡，他卻完全不是如此。

依據客觀的歷史紀錄，孔子最關懷的事情也絕對不是「殷切期盼人民有好日子過」，或是孔子自己說的「安老、信友、懷少」（註六）的美好社會。

從儒家正統經典的內容顯示，孔子最掛念在心的事就是「統治階級絕對不可以失去手中的權柄跟既得利益」。如何維護統治階級的身分、地位、權勢才是孔子最關心的事，其他的事情對至聖先師而言都是次要的。

以下是筆者研讀這些史實後的觀感：為了實踐階級森嚴的周禮孔仁，至聖先師一方面不惜竭盡其力去壓抑人民主體意識的覺醒，所以極力反對公布法律讓人民知道，以免人民看到刑罰規範的內容而產生自己解釋法律的話語權，進而不再把貴族放在眼裡。另一方面，萬一有平民百姓不論儒家再怎麼「教化」，就是堅決不把統治階級的貴族們放在眼裡，那時候孔子就會大力贊同君王們用猛政猛刑對付膽敢

「輕慢」統治階級的平民百姓，還不惜動用周禮酷刑讓人民殘廢；換言之，若是「教化」人民順服統治者的愚民政策（註七）無效，那孔子就大力贊同用周禮酷刑對付人民，甚至不惜使人民殘廢！

中場插曲：沂水論志

看完孔子贊成用猛刑摧殘人民，又了解孔子反對人民主體意識的覺醒等等驚人駭俗的恐怖歷史，深信有些儒家知識分子會反駁那些言行都是孔子年輕還沒當官之前所做的事情，歷代儒家認為孔子五十歲當官後，特別是他六十八歲返回魯國後的言論，才是人類精神的最高典範。

當然，抱持這種看法的人，孔子絕對會讓他們嚴重地失望，之後我們會檢驗孔子當官之後所做的一些嚇人言行，包括聖人殺人事件。

但現在就讓我們再次輕鬆一下，看些黑色幽默，就是孔子當官之前的一個有名故事「沂水論志」，記載在《論語》〈先進〉第二十六章。

先看完孔子在學生面前展現極為澹泊的態勢之後，我們再接著談孔子當官之後為何變成謀殺犯，去殺死頗受人民愛戴的少正卯；還有讓大家了解「大司寇」到底是一個怎樣兇殘的大官。

話說孔子還沒當官之前的某一天，他跟幾位儒家弟子到沂水附近做戶外教學，在那邊發生了《論語》〈先進〉第二十六章的故事。

孔子對他們說：「以前我常評估你們的能力，這次就讓你們自己說說若有機會當官的話，你們會怎麼做吧。」（註八）

這時曾點（曾子的父親）坐著鼓瑟，讓悠揚又柔和的樂聲充盈了整個空間。

既是孔子主動要求大家敘述志向，身為大弟子的季由（子路）一聽，當下想都不想就奮勇先答，可見他早已胸有成竹。

季由只比孔子小九歲，這時應該快四十歲了。他被歷代儒家醜化成是一個暴虎馮河又糊裡糊塗就犧牲性命的莽漢。但季由其實是一個頂天立地、言而有信、知錯能改，又能清晰地分辨是非對錯的鐵錚錚好漢！

這本書的主旨在於揭露歷史上真正的孔子，可惜無法對季由著墨太多。

針對孔子的提問，季由激昂地說：「假使有個千輛戰車規模的國家，四面都是想要侵掠這塊地方的大國，若此國又禍不單行地碰上災難，在如此多災多難的情形下，我（季由）只要三年時間，必定可以把全國百姓訓練得勇猛善戰，足以打敗所有的外敵。我還會讓人人都能知道國家未來的方向跟目標，這樣就能上下團結一心，共同抵禦外敵！」

光是這段充滿信心的自我期許，就顯現季由是一個很有氣魄並且勇於挑戰艱難的實踐家。對於深陷困境又強敵環伺的國家，他自信有一套可以轉弱為強、反敗為勝的治國方略。

依據個人的經驗，看得出來季由的個性很像歐美白人那種自信跟豪放的性格，對於自己的專業才能充滿信心，當仁不讓地勇於展現自己。

可惜的是，孔子接下來要散布的價值觀，卻是一種強調表面上客氣謙虛，但內心卻堅決相信自己是一個英才的狂妄。

孔子這種形式道德思想造成人人表裡不一，導致歷代中國知識分子內心高傲，但卻在表面上做作、虛讓，表現出一種極為噁心的假仙。

還好現代台灣的年輕人被儒家思想所「感化」的程度大幅減輕，所以人人都很勇於表現自己，不像以前的人表面上畏畏縮縮地假仙客氣，但內心裡卻很阿Q地自以為是聖人或是蓋世英雄！

季由這種坦蕩蕩的豪氣以及重視實踐的作風，聽在不同價值觀的孔子耳裡，當然只是冷冷一笑。

在場的每個弟子看到孔子的反應，人人心裡開始狂打O. S.：「至聖先師，是你叫我們說出自己的志向，縱使不苟同也不應該用這種態度對待學生吧？叫每一個學生言志，等弟子們誠實講出來卻反而被笑？這不是鼓勵大家說謊或是掩藏自己內心的真意嗎？」

孔子這種搞法不等於是迷你版的「引蛇出洞之陽謀」？

但沒關係，充滿儒家思想的團體就是如此：上有政策、下有對策。

這下子沒人想講真話了。

孔子一看苗頭不對，為了繼續下去，只好硬用強迫點名的方式，直接叫另一個學生冉求說出他的志向。

看到季由被孔子嘲笑的前例，冉求當然很機靈地盡量掩飾自己內心的真正想法，無論如何在表面上要禮讓再禮讓、謙虛再謙虛。

當時的冉求算是孔子門生裡較為年輕的一個，比孔子還小二十九歲，沂水論志之時他應該才二十歲。但冉求後來是排行政治科系的第一名，號稱多才多藝但為人害羞內向，後面有一場齊魯之間的戰爭，屆時我們還會再提到他。

孔子點名之後，只聽到冉求回答：「若有一個七十方里的城邑，喔，不不，再小一點，還要再小一點……大約是五十方里的小地方讓我管理的話，三年之內應可讓人民豐衣足食。但若要使人民接受周禮教化的話，就只能讓賢給別人去做了。」

冉求心想，既不是千乘大國，也沒雄心壯志，就只是單純在小地方搞搞民生經濟，而且還把教化人民成為禮儀之邦的偉業，恭讓給至聖先師這種等級的人去做，這樣夠謙卑、夠禮讓了吧？

孔子依然冷冷的沒什麼表情，但大家都知道這就是他不太苟同的肢體語言。孔子點名公西赤繼續講出他的志向。

公西赤雖然最年輕，但頗懂得察言觀色，他看到內向害羞的冉求都無法過關，當然只能加倍說假話去迎合孔子。

「我要講的，絕不是說我真的可以做到，只是一些我想學的事情……」

說到一半，公西赤停下來看看孔子的面貌，先確定老師臉上的喜怒表情，以免又被臭。

等到孔子擺出一副「你就趕快講完」的態度，公西赤才接下去說：「當宗廟舉行祭祀或是有了國際盟會，我願意穿戴禮服當個小到不能再渺小的司儀禮賓就夠了。」

講完之後，才十八歲的公西赤用很期盼的眼光看著孔子，「我都這麼畏畏縮縮的只想當個渺小司儀，應該沒問題了吧？」

結果孔子還是一樣冷無表情。大夥開始納悶了，到底什麼樣的志向才符合孔子的心意？

「曾點，你還沒說呢，講來聽聽吧。」這時每個人才把注意力轉到一直在鼓瑟的曾點。

曾點長得中等身材，臉上常帶著一絲絲憤青的表情，因為魯國權臣季孫平子過世之時，曾點到季孫家族豪宅的門前高歌以示慶祝。等到曾點年老之後，當時魯國發生嚴重飢荒，他還因為兒子不懂耕種技術而浪費農作物，狂怒地把兒子打到昏厥過去。

但是這時的曾點還很年輕，雖有著憤青的面貌，但神態卻是不食人間煙火的隱士模樣。

只見曾點鏗然停住瑟聲，起來回答孔子。

「孔夫子，我的志向跟其他三位同學不一樣呀。」

「有什麼關係，就說說各自的志向罷了。」

孔子這句話讓前面那三個人感到好笑，既然只是述說志向而已，幹嘛搞得那麼嚴肅，害得每個人都不敢暢言己志。

曾點：「我的志向很簡單，在晚春時節換上新衣，跟著五、六個成年的朋友，一起帶著六、七個小孩子到沂水沐浴，然後站在水邊的台上吹乾，最後再一路唱著歌回家。」

前面三個人一聽到曾點的話都有點傻眼，這是什麼鳥志向？志向不是應該述說自己偉大的理想跟雄心壯志的抱負嗎？曾點講的還不就是跟一群朋友到溪邊玩個水順便洗個澡，然後一塊高歌回家，這種每天都可以做的事情，算是哪門子的志向？

沒想到孔子聽完曾點的敘述，竟然讚嘆說：「我（孔子）對曾點深表同意。」這下子，其他三人的眼珠子差點掉出來，孔子竟然贊同這種完全不像「志向」的志向？

高舉「武以安邦」的季由困惑了！

主張「富使民樂」的冉求錯亂了！

想要「禮儀治國」的公西赤驚呆了！

三人自覺沒趣地離開。曾點這時趕緊問孔子，因為他只是講講自己的看法，並不覺得有比其他三人的志向還好，但孔子卻反而大力贊同。這讓曾點頗感訝異，所以想請問孔子真正的原因。

其實不只季由、曾點、冉求跟公西赤不了解為何孔子贊同這種稀鬆平常又極為平凡的「志向」，甚至是現代人也搞不太懂孔子為何只對曾點的看法深表認同？

歷代儒家知識分子提出許多解釋，畢竟我們都不是孔子，所有的解釋都可能是對的，也可能是錯的。但有一個可能性我們不應排除：編撰《論語》的人，主要是曾參（曾子）和他的學生們。

曾點是曾子的父親，把自己父親被孔子稱讚的事蹟編入《論語》，曾子可能沒什麼特別的用意，只是要彰顯尊者跟親者的單純動機而已。

但是這一段可能是無心插柳的沂水論志，卻恰好印證了大一統中國兩千年來的政治史！正是經歷了兩千年之後，再回過頭去看當時孔門師生的沂水論志，才能找到解釋孔子心中理想的原因。

滿清皇朝初期有一位儒家學者張履祥，他提出了以下的看法，我個人認為應該是「沂水論志」最好的詮釋（註九）。張履祥認為四名孔門子弟論志的順序，剛好符合了中國歷代皇朝興亡的過程以及最終的政治理想。

從平定天下（季由）、富足盛世（冉求）、禮教文明（公西赤）的過程，到達最終的理想：讓每一個人都能自由自在、和平喜樂地過著自己想要的生活（曾點）！

從季由到公西赤的志向當然也很重要，但每一個人所講的內容卻只能算是政治演進的階段性目標，只有曾點那個看似稀鬆平凡的境界，才是政治的最終目的。

但這個最終境界，卻沒有任何一個中國皇朝能夠做到，因為往往太平盛世才剛開始，中國統治者就迫不及待地發動對外侵掠戰爭，導致全國經濟破產、民不聊生，再次走向衰亡。

用現代的民主政治來看，曾點在沂水論志的理想仍然是不夠的，因為那種自由是統治階級藉著推行「德政」所施捨的自由，統治者若是要拿回去，曾點是沒有辦法留下半點自由權的。那種由統治者恩賜跟憐憫的自由，不是人民經過抗爭、革命所能牢牢掌握在自己手中的主權自由。

不只是歷代中國皇朝都無能實踐這種簡單又不完全的「曾點自由」，甚至連二十一世紀的香港政府，這個屹立在東亞世界的亮麗經濟明珠，前年（二〇一九）就無法讓人民自由自在地逛街購物。所以我們千萬別以為曾點的境界平凡無奇，好像每天過著自由自在的日常生活是理所當然的事。

「自由自在的生活」是多少台灣的先賢烈士們犧牲奮鬥所爭取來的成果！

另外一點深值我們注意，但也令我們深感可惜的是，孔子雖有這樣的理想，但他卻錯以為實踐孔仁周禮之後，就能達到曾點的理想境界。如同前述，周禮孔仁的本質在於維護統治階級的既得利益，孔子之道不是以增進人民權力跟權利為首要的目標，縱使真的去實踐儒家思想，依然無法促進人民的福祉。

這也是我們奉勸現代儒家必須去改正的重點：光有理想卻沒有「正確的實踐方法」，那就是一個害死人的空想，甚至會變成殺人、吃人的夢魘！孔子之道的錯誤導致儒家中國兩千年來必然的慘痛失敗，這本書會再三提醒讀者們周禮孔仁有多麼致命。

看完孔子當官之前跟學生們的課外教學，我們可以回來了解孔子一輩子最高的官位（大司寇）是一個什麼樣的官，以及孔子為何要去謀殺頗有聲望的魯國名人，少正卯。

第三個史蹟

五十四歲的孔子擔任大司寇，「司寇」是什麼樣的官？擔任大司寇的孔子有沒有謀殺深受人民擁戴的少正卯？

什麼是大司寇？孔子當大官時的職務是什麼？

孔子大約在五十歲後當官，能當官的緣故是因為曾把孔子嚇到渾身發抖的陽虎搞了一個失敗的政變，導致向來就缺乏人才的魯國，一下子少了許多的官吏，孔子才算是替補缺官而進了統治圈。

許多儒家書籍都記載著孔子被陽虎驚嚇的實例。

依據《史記》〈孔子世家〉的記載，孔子十七歲喪母之時，他竟然穿著喪服趕赴國宴，就好像現代有人披麻帶孝跑去參加行政院長所舉辦的慶宴。孔子被當時的守門警衛嚴厲斥責到失魂喪膽，造成終生恐懼的後遺症，那一個威風凜凜的警衛就是陽虎。

根據東漢皇朝的獨立思考家，王充所寫的《論衡》〈物勢〉與〈言毒〉的記載，孔子那次所遭受的驚嚇，造成他一輩子都對陽虎戰戰兢兢，每次看到陽虎就嚇得直冒冷汗，自動倒退而不敢和他並肩同行。

孔子畏懼陽虎的情形，從兩人在《論語》〈陽貨〉第一章的對話裡，仍可看出當時已年過五十的孔子，對陽虎還是非常地敬畏，孔子只敢唯唯諾諾地應和陽虎咄咄逼人的質問。

至於陽虎政變失敗後魯國會人才短缺，是因政變後仍然有不少陽虎的黨徒拒絕效命三桓，例如公山弗擾依舊占據著季孫氏的封地，可見得有不少三桓的家臣與私人武裝部隊效忠陽虎這一黨。

魯國發生人才荒的結果，也讓魯國中央政府（三桓）召開內部討論是否招攬孔子，但三桓得先確定孔子的政治立場是否跟他們一致，以免又引來第二個陽虎。至於魯國三大權臣（三桓）的由來，後面會詳盡解釋。

三桓從蒐集來的情報得知孔子反對公布刑罰規範讓人民知道，三桓覺得這就證明了孔子內心的動機是反對人民掌握解釋刑罰的話語權；除此之外，在悼念子產的公開場所，孔子當眾講出不惜痛下毒手，也要動用猛刑摧殘輕視統治階級的人民。

這些事實更讓三桓認為孔子是堅決站在統治貴族這一邊；雖然孔子因季由（子路）嚴厲的反對，讓他沒去投奔公山弗擾（註十），導致三桓誤認孔子也反對「陪臣執國命」（世卿大夫的家臣們起來掌握國家大權）。

站在統治階級的立場，若要找奴才的話，還是得挑選懦弱又膽小的比較放心，像陽虎那種肝強膽壯的人，對統治階級的貴族們來說太危險了。三桓之一的孟孫懿子提到孔子擔任過他的私人教師，曾經就近觀察他，確知孔子為人膽小（註十一）又保守成性，雖然性格頑固但做事不夠堅定，往往遇到挫折就中途放棄、半途而廢，縱使有心反叛也不可能成功。

在統治階級的眼裡，豢養這種奴才就可較為安心。三桓決定任用孔子，而他的專業是喪禮葬儀（註十二），就先安插他到歷代魯國國君的墓園（中都）當邑宰，如同一代奸臣司馬懿精通儒術，曾經主持過曹操的喪禮，讓司馬懿也靠著喪葬禮儀而崛起，獲得魏文帝曹丕的信賴。

就這樣，孔子的社會等級從武士晉升到大夫。僅僅是從「武士」爬上「大夫」一個階級而已，就耗費孔子整整三十三年（從十七歲繼承父親的武士職位起算），可見得階級森嚴的不平等周禮制度是多麼難以攀升的社會階梯。

孔子能夠當官以及他所獲得的權勢地位，完全是仰賴三桓跟魯君的恩賜與批准，這對所謂的「儒家知識分子的獨立性」，真是一大反諷。

孔子能夠獲得權力的模式，也注定了兩千年來的儒家知識分子都必須依附統治階級，無法做到知識分子的獨立自主：每一個儒家只能伸長脖子仰望統治階級的關愛眼神，企求帝王與權貴們的施捨跟恩賜，並且依賴國家教育機器的宣傳才能生存的文化悲劇。

孔子第一個官位就是當中都大夫（中都宰），而中都邑也不是什麼大城市，差不多就數百戶（頂多一千戶）的小鄉鎮，對他而言當然不是太難的差事，所以孔子很快就轉任小司空，當了自己的學生（孟孫懿子）的副手，因為孟孫家族世襲大司空的職位。

差不多就在孔子擔任小司空的時候，鄭國發生了一件大事（註十三）。

那一年鄭國執政大臣駟顓謀殺春秋時代的法學天才鄧析，因為鄧析用他所寫的《竹刑》去批判國僑（子產）在四十多年前所頒布的刑書。

依據《呂覽》〈審應覽〉〈離謂〉的記載，鄧析開辦學校教導人們如何打官司跟適用《竹刑》，雖然學費昂貴，但鄭國百姓依然擠破頭也要報名學習，我們推測鄧析的《竹刑》應該是讓百姓們受到更多的法律保障，才會深得鄭國人民的擁護。

但這種行為卻讓鄭國主政的貴族們感到威脅，於是先痛下毒手剷除潛在的敵人，以免被鄧析瓜分了鄭國人民對統治階級的忠貞。

無獨有偶，不僅是鄭國鄧析而已，我們深信從國僑開展的「公布法律規範讓人民知道」的風氣，不僅傳到晉國（註十四）讓趙簡子打造鐵刑鼎，很可能魯國大臣少正卯也贊成應適時公布刑罰規範讓人民知道，他甚至運用貴族的知識強化人民的訴求（註十五）。於是聚集在少正卯身邊的人民越來越多（註十六）。

魯國三桓感受到少正卯這些舉動會對他們的統治造成衝擊，三桓認為少正卯是陽虎之後，另一個危險人物（註十七）。

少正卯是近代儒家不願也不敢面對的人物，所以絕大多數現代的儒家書籍都否認孔子謀殺少正卯事件的真實性，縱使有少數儒家認為可能是事實，但也都判定是因少正卯心術邪惡，利用他的聰明才智去擾亂社會，所以孔子不得不誅殺。

縱使是當代儒家知識分子，仍主張類似少正卯的人是一個「能顛覆國家，使國家淪於覆亡的（人），當然不能姑息養奸，鋤奸反而是行仁利仁……因孔子誅少正卯，整個魯國氣象煥然一新……短短三個月就有興邦氣象」（註十八）！

在此先簡略解釋一下何謂「少正」，然後我們會以故事性的描述去看這一樁非常有名的「聖人殺人」的歷史公案，最後再來分析孔子以及歷代儒家為何堅決要謀殺類似少正卯這樣的政治人物，如此一來我們就能更清楚地理解真實的孔子與歷代儒家的人格與品德。

少正卯的「少正」是什麼？

依據《左傳》魯襄侯二十二年的紀事，掌握國家大權的正卿叫做「大正」，而「少正」乃是亞卿（副官）的尊稱，鼎鼎大名的國僑（子產）就是鄭國的少正。所以「少正」不是周禮制度內的官位（例如司徒、司馬、司空、司寇），而是尊榮的頭銜。

少正卯有可能是祖先當過「魯國少正」的高官，便用祖先的尊銜為姓氏；甚至有可能少正卯本人就是魯國亞卿，所以《荀子》〈宥坐〉才提到端木賜質問孔子，為何才當大司寇不到七天就敢殺死這麼有名的人。

三桓可能在私底下跟少正卯協商過，希望少正卯回到擁護統治階級的立場，但他堅決要站在人民這一邊（註十九）。眼看著魯國平民百姓開始擁戴少正卯（註廿），三桓便開始密謀要如何對付他。

懇請讀者們容許我再次提醒，法學天才鄧析以及魯國高官少正卯都是跟孔子同一時代的人，但他們的政治價值觀都跟孔子相反，所以任何人批判孔子，並非古代與現代的差別，而是基於對錯與是非的判斷。價值觀的選擇不僅決定一個人的成敗，更注定一個民族的興衰。

相較於少正卯的政治立場，孔子就完全不同，因為孔子堅決地站在統治階級的立場，把所學的知識拿去「教化」人民如何順服統治者。

如同前述，孔子大力贊成國僑（子產）教導下一任大臣的執政祕訣：用猛政、猛刑使人民殘廢的嚴酷手段，讓人民學會不敢輕慢掌權的貴族。孔子這種心態讓三桓放心將更大的權力交給他，於是三桓決定恩准孔子從小司空升等為大司寇，我們研判三桓之所以這麼做，是把孔子當成牽制少正卯崛起的棋子。

在階級森嚴的周禮時代，因為孔子是由最低級貴族之妾所生的庶子，而且還是一個殷商餘孽，所以他原本是被貴族們視為出身陋巷的賤人。

但孔子是一個非常善於鑽營當官之道的偉大人物，針對三桓跟少正卯之間的衝突，孔子不僅選擇性地遺忘他以前破口大罵的對象，也就是「孰不可忍」的季孫家族，他竟然變節並改換站在季孫這一邊，還派遣眾多弟子當季孫桓子的家臣，甚至不惜充當政治鬥爭的馬前卒，欣然接受排名第四的崇高官位。

魯國是遵奉階級森嚴又不平等的周禮制度而聞名於世，從開國以來沒發生過出身賤民階級的人能夠攀爬到司寇的地位。獲任大司寇那一天，孔子身著整齊的官服，一刻也不停地進宮拜謝魯定侯以及三桓。

《論語》〈鄉黨〉有許多孔子當官時的逼真鏡頭，例如：孔子還沒進宮門就彎著腰又戰戰兢兢地走進宮內；升殿之時，孔子連氣都不敢大喘地鞠躬半立，以示對國君和三桓的尊敬。

依據朱熹的解釋，孔子在朝廷上對於地位高過他的國君跟三桓，展現誠惶誠恐的恭敬姿態（踧踖），臉上也充滿著乖順和悅的樣子（誾誾如也），因為孔子所有的榮華富貴都是由三桓所恩賜，對衣食父母應當客氣、謙卑，否則豈不成了忘恩負義的非禮無恥之徒，畢竟儒家孔子最推崇的道理就是「畏大人」的周禮。

但是孔子對官位比他低下的人，特別是沒有任何官位的平民百姓，也就是春秋時代所稱的賤人（小人），他立即擺出剛直又神聖不可侵犯的臉色（侃侃如也），刻意區分彼此之間貴賤的階級差別，實踐了孔子念茲在茲的「貴賤不可無序」。

孔子若是聽到魯定侯以及三桓的叫喚，他應話時不敢太大聲；這種恭順的模樣要等到退朝之後才稍微鬆一口氣。這些寫在《論語》〈鄉黨〉的孔子「為官之道」，也成了儒家中國歷代官員們的典範行為。

魯國當時的司寇府，可能就是原本臧孫家族的府第，因為出身魯國公族的臧孫氏，代代世襲魯國司寇的職務，如同三桓世襲魯國的司徒、司馬與司空三個最重要的職位。因為臧孫氏發生家族內訌而衰弱，讓魯國第四高官（司寇）的職位空了出來，剛好由孔子頂替。

有道是新官上任三把火，退朝之後，孔子迫不及待地進入司寇府，威風凌厲地命令所有官員跟差吏排排站好，不准坐在席上，他準備給這些官吏一些震撼教育。

看官們請留意，以下的對話或許是筆者推論的孔子當官之道，但是司寇府衙內的官吏職稱跟職務，完全都是引用儒家正統經典《周禮》〈秋官司寇〉的內容（註廿一），絕無半點虛假或捏造。

「你！報上名字、官位以及職務。」孔子指著站在首列第一位的官員，並命令他遵照旨意報告。

「卑職是臧孫罰，任職小司寇，也就是您的副手，大夫等級。專職以周禮五刑聽訟萬民之獄。」為首的官吏恭敬地回答孔子的質詢。

一聽到周禮五刑，孔子的精神就更高昂，馬上示意要每一個人按照小司寇那樣接續地介紹自己。

「卑職是臧孫止，任職士師，上士等級。專職掌管五禁之法，並查獄訟之辭，協助您斷獄弊訟。」

「卑職是臧孫戒，任職司刑，中士等級。專職五刑之法以處罰萬民之罪。」

「你就是司刑？好，把周禮五刑講明白。」

「是！周禮五刑就是臉上刺青的墨刑；剁掉鼻子的劓刑；閹掉生殖器官的宮刑；砍掉雙腳的刖刑，還有死刑。」

「如何施用周禮五刑？」孔子故意考一下部屬們的專業知識。

「等您斷獄弊訟之後，卑職將立即以五刑之法詔刑罰，以辨罪之輕重。也就是說……」

司刑還沒講完，孔子就搶著回答：「也就是說等我這個大司寇自由心證以及自由裁判一個案件之後，你就稟告可以適用哪一種刑罰以及刑罰的輕重；所以該剁掉鼻子的罪行，就不應該輕放為臉上刺青。」

「大司寇聖明，確是如此！」

於是孔子滿意地轉向下一個：「你，又是什麼職位？」

「卑職是臧孫錮，職稱是『掌囚』，下士等級。專職囚禁跟羈押盜賊。」

「什麼是盜？誰又是賊？」

說完這一句話，孔子心裡暗怪怎麼都是臧孫甲、臧孫乙、臧孫丙？他一時之間忘了這就是依據生殖血緣關係所建立的周禮封建制度，整個政務組織的職位，由上而下都是同一個家族所包辦（霸占）。

「『盜』是指搶奪他人財物的罪犯，而『賊』就是膽敢起來反抗統治階級的平民百姓！」掌囚之吏恭順地回答。

孔子也很滿意他的回答，然後指著下一個，「你呢？又是做什麼的？」

「卑職是臧孫滅，職稱是『掌戮』，下士等級。專職斬殺盜賊跟敵人的間諜，包括用火燒毀任何膽敢殺害親屬之罪人的屍體。除此之外，我的職務項目還要割裂（分屍）任何傷害國君公族的犯人，以及處死殺人犯並把屍體放在市場上曝屍三日。只要是斬殺、刑戮的差事，我都幹。」

「處死人犯並把屍體放在市場上曝屍三日……」

孔子聽完「掌戮」之吏的自我介紹後，若有所思地喃喃自語著這一句話，不知有何用處。

孔子還隨手抄起一冊《周禮》，翻到〈秋官司寇〉裡有關「掌戮」之吏的業務範圍，然後獨自思考起來，臉上不時發出跟聖人形象非常不吻合的猙獰笑容。

而司寇府的其他官吏沒有接到孔子要他們停止的命令，仍然逐一報告，結果都是一些「犬人」、「司厲」、「貘隸」、「司刺」、「罪隸」等官員，聽起來就知道不是什麼善類的職務。

孔子的司寇府好像是青面獠牙之輩的聚集所，也像似個畜牲禽獸的動物園，難怪所有讚揚孔子為聖人的書籍，都沒有講清楚所謂的「司寇」到底是在幹什麼的「大官」，現在您知道了唄？

任何人只要查了儒家經典《周禮》〈秋官司寇〉，都會發現儒家跟法家還真的是同一家，因為孔子跟法家的本質都是掌管刑殺人民的事務！

當所有官員跟差吏都講完之時，孔子仍深陷若有所思的樣子，他就揮手，叫所有的人都退下。他步出司寇府便直奔季孫桓子的司徒府，過了許久，孔子得意地走出季孫氏的豪宅，無人知道中間發生了什麼事情。

聖人殺人事件

孔子擔任大司寇第五天的中午才剛過，職稱叫做「掌戮」的官員率領幾個皂吏用木板扛著一具屍體，然後擺放在曲阜市場的正中央。

人民紛紛靠近一看，天呀，這不是魯國名人少正卯嗎!?所有在場的百姓全都嚇了一大跳，頗得民心的少正卯大人發生了什麼事，怎會慘死在此？

有人自言自語：我前幾天才到少正卯大人的府上討論買賣的事情，因為他打算從鄭國進口一批鄧析所寫的《竹刑》好讓人民熟知如何應用法律……

另外有些人在私私竊語：這下糟了，有幾個親友被判剁鼻、閹屌跟砍腿的周禮酷刑，少正卯大人正在想辦法減輕或免除親友們的刑罰……

掌戮的官吏不管這些被驚呆的百姓，逕自在屍體旁豎立一個木牌，上面寫著絕對要殺死少正卯的罪名，百姓們趕緊再趨前瞧清楚：「少正卯有以下五大罪名，必殺！」

這五大罪名就是《荀子》跟《孔子家語》所記載的「心逆（或作達）而險」、「行僻而堅」、「言偽而辯」、「記醜而博」、「順非而澤」！

眾人看得滿頭霧水，不知這些罪名到底在指控什麼，為什麼用這麼隱晦不明的理由去殺死一個人，而不直接說清楚、講明白？難道是有什麼不可告人之密，才故意把罪名寫得如此子虛烏有？

一名皂吏又豎立另一個木牌，上面也寫著若不殺少正卯將會產生三大嚴重的後果：「居處足以撮徒成黨」、「談說足以飾褒榮眾」、「強禦足以反是獨立」。

魯國的百姓們根本無法了解孔子殺死少正卯的理由跟罪名，而這五大殺人理由與三大嚴重後果，中國歷代的學者也都無法解釋清楚，但二十一世紀民主台灣的看官們，稍後的說明保證令您恍然大悟，清晰易懂！

魯國人民有看沒有懂孔子列出的罪名，百姓們開始議論紛紛：

怎麼連審判都沒有就把少正卯大人給殺死……

至少要讓人民知道調查的結果吧……

有什麼證據確立少正卯大人犯了什麼法嗎……

聽說是剛上任大司寇的孔子幹的好事……

原來連犯罪行為都不需要，儒家孔子就可以殺死任何人……

對，只要孔子主觀上覺得你有著「骯髒又卑鄙的動機」就可殺了……

不用調查、不給辯解的機會，也不做任何審判，就可以這樣隨便殺人……

就在少正卯被曝屍的當下，孔子正在季孫桓子的府第，單獨一人並且很恭敬地向季孫桓子報告如何殺掉三桓潛在的心腹大患，少正卯。

這就是孔子謀殺少正卯的「聖人殺人事件」！

探討這個歷史公案最重要的一點，就是去了解為什麼任何人只要犯了儒家經典《禮記》〈王制〉所列的罪名，中國歷代的統治者就可以遵奉儒家的孔子之道，不用經過任何偵查跟審判就可以立即殺死政敵。

這個「聖人殺人的孔子之道」，跟普世價值的「程序正義」以及「未經審判絕對不可處死」的做法完全相反，所以我們有必要去深入了解。

這樁歷史公案在《荀子》〈宥坐〉、《孔子家語》〈始誅〉、《史記》〈孔子世家〉都有記載。

依據《孔子家語》的記載，被儒家大力稱讚為溫、良、恭、儉、讓的孔子，還特地遵照儒家正統經典《周禮》〈秋官司寇〉的酷刑，將少正卯的屍體曝曬在人來人往的市場長達三天！

很多儒家分子都主張謀殺少正卯事件根本就是杜撰的謊言，但我們不難理解後世儒家為何會有此反應，畢竟自己的祖師爺竟然幹下這種謀殺的行徑，儒家當然要使出洪荒之力去抵死否認這樁謀殺少正卯的公案。

儒家儘管矢口否認這樁公案的真實性，卻無法解釋為何孔子謀殺少正卯的事蹟是登載在儒家的書籍，而且還是戰國時代赫赫有名的大儒荀子所寫的書裡。除此之外，這個歷史公案還出現在非常推崇孔子的司馬遷《史記》〈孔子世家〉，以及三國時代由王肅採集各種儒家書籍所編撰而成的《孔子家語》。

荀子、司馬遷跟王肅都是儒家知識分子，他們三人可不是道家或墨家的子弟，更不可能是佛教徒、耶穌教徒或伊斯蘭信徒，因此荀子、司馬遷跟王肅不會去栽贓自己的祖師爺。

最重要的證據就是：若孔子謀殺少正卯真的是杜撰的謊言，為什麼連儒家最正統的經典《禮記》〈王制〉也列出類似《荀子》〈宥坐〉所描述孔子謀害少正卯的必殺理由？

《荀子》〈宥坐〉記載孔子謀殺少正卯的五個藉口是指控少正卯「行辟而堅、言偽而辯、記醜而博、順非而澤、心達而險」。

類似的謀殺藉口也出現在儒家正統經典的《禮記》〈王制〉，「行僻而堅、言偽而辯、學非而博、順非而澤以疑眾，殺！此四誅者，不以聽。」

由此可見，《禮記》寫得比《荀子》更狠，既不用調查、不用聽審也不用給辯解的機會，就可以直接殺死！

縱使孔子謀殺少正卯的記載不是真的，但是歷代儒家卻深深贊同謀殺少正卯的理由，還把這樣的謀殺藉口放進儒家正統經典《禮記》的〈王制〉，這就證明了儒家雖然在口頭上否認孔子謀殺少正卯的史蹟，但是內心裡卻非常贊同謀殺少正卯這一類的人！

因此我們認為後世儒家否認孔子謀殺少正卯的事蹟，是站不住腳的刻意掩飾跟隱瞞之詞。

因為這件儒家醜事若是記載於道家、墨家或是佛教、耶穌教的經典裡，或許有可能是假的；但少正卯被謀殺的事蹟是登載在儒家自己的經典跟史書裡，後世儒家如何否認這樁公案的真實性？

甚至有儒家知識分子主張若《論語》的內容出現有損孔子形象的言論，那也是《論語》錯了（註廿二）。若真是如此，那麼孔孟荀朱王等人所寫的儒家書籍，還有什麼是真的？

值得我們花些時間去了解的是少正卯是一個什麼樣的政治人物，而且孔子跟歷代儒家為何非得剷除類似少正卯那樣的人？這才是探尋儒家中國文化在哪裡發生嚴重錯誤的重要線索。

如同前述，少正卯在魯國素有名望，所以連孔子的學生也就是赫赫有名的端木賜（子貢）都看不下去，詢問孔子為何才當大官不到七天就殺死國內非常有名聲的人。

孔子嚴厲地叫端木賜坐下，好好聽他講解為何要殺死少正卯的原因。至聖先師列出絕對要置少正卯於死地的五大罪名，還說任何人只要有一個這樣的罪名就非殺不可，更何況少正卯一次觸犯五個。

現在就讓我們開始逐一解釋《荀子》〈坐宥〉、《孔子家語》〈始誅〉還有《禮記》〈王制〉所提出孔子謀殺少正卯的理由（藉口）（註廿三）如下，藉以徹底明白何謂「極高明而道中庸的聖人殺人之道」。

孔子謀殺少正卯的理由，歷代中國學者越解釋越模糊，但生在民主自由台灣的讀者們絕對能夠明瞭那些隱晦的殺人藉口：

第一個謀殺的藉口是「心逆而險」，換言之，孔子認為少正卯的內心藏著違逆封建制度的政治見解，所以對統治階級有嚴重的潛在風險；

第二個謀殺的藉口是「行僻而堅」。依據中國學者趙紀彬的考證，「僻」就是行為不符合周禮封建制度，而「行僻而堅」就是孔子指控少正卯不遵守周禮但卻堅持不改變；

第三個謀殺的藉口是「言偽而辯」，就是孔子覺得少正卯的言論不符合統治階級的正道，所以是「偽」，但少正卯卻能說得頭頭是道；

第四個謀殺的藉口是「記醜而博」，就是孔子斥責少正卯的大腦所記的事情雖然廣博，但都是無關周禮秩序或是違反周禮的「醜陋」之事，例如人民起來抗暴或是人民輕視統治階級的歷史，這些史蹟在儒家孔子的眼裡就是「醜」；

第五個謀殺的藉口是「順非而澤」。依據趙紀彬的考證，就是儒家孔子認為順應人民的訴求是一件「錯事」（非），少正卯竟然還把這種「錯事」加以潤飾（澤），使人民反抗統治階級的訴求更具號召力量（註廿四）。

因為古代中國的統治階級與儒家官員都非常痛恨任何可以獲得民心之人，特別是有辦法加強平民百姓產生主體意識的人。

不僅《禮記》、《荀子》等儒家經典要趕盡殺絕這樣的人，連儒家宣稱以孔子之道為主的《呂覽》，在其書裡也記載鄭國統治者必須謀殺鄧析的理由，因為鄧析的法律學說是在培養人民發展出與統治階級相反價值觀的標準，所以《呂覽》就指摘鄧析「以非為是、以是為非」，造成「可、不可，無辨」的結果。

《呂覽》那一句話是從統治階級的立場，去批判鄧析的法律思想顛倒是非，造成什麼可以做、什麼不可做的事情混淆而無法分辨清楚。因為鄧析的法律教育讓人民有了自己的標準，凡事不再認為統治者可以說了算，然而百姓眼裡的「是、可」卻是統治者嚴禁的「非、不可」。

鄧析的法律思想教導百姓們把統治者認為「不可」或是錯誤的「非」，翻轉成人民應該堅持的事情，例如孔子跟叔向都反對公布法律，但鄭國百姓跟晉國人民卻反而大大歡迎公布法律的施政措施。

鄧析那樣的人就成了儒家正統經典《禮記》所說的「惑眾」之人，可以不用調查跟審判就直接謀殺！因為台灣是華人世界第一個實踐民主政治的國家，所以我們才能清楚地洞悉儒家謀殺鄧析與少正卯的藉口。

有了這樣的理解後，孔子謀殺少正卯這樁歷史公案的重點，在於孔子指摘（汙衊）少正卯犯下所謂的「逆、僻、偽、醜、非」等「罪行」，是由誰去判斷，並且得看判斷的人又是依據什麼標準去認定：是憑據周禮孔仁思想，或是依據廣大人民的自主意願？

按照孔子的周禮孔仁思想，任何人若是促進平民百姓主體意識的覺醒，就是統治階級眼裡的「逆、僻、偽、醜、非」，這可從先前提過許多論述得到很明確的證據：特別是《左傳》記載孔子堅決反對人民知道法律的內容，以及孔子不惜用猛刑摧殘「膽敢」輕慢統治階級的人民。

更別忘了《論語》〈泰伯〉孔子教導學生對人民必須施以愚民政策：「民可使由之，不可使知之。」

依據真實歷史裡的真正孔子去理解這樁「聖人殺人」的歷史公案，我們認為真實的歷史情況可能是這樣的：平民百姓們的任何訴求若是威脅到統治階級（「非」），少正卯不僅不反對，還進一步順應人民這樣的「非」以謀求百姓的福祉；他還運用他的貴族知識，把人民反抗統治階級的訴求加以潤澤、修飾（順非而澤），藉以號召更多平民百姓投入抗爭貴族的隊伍。這些行為應該就是孔子眼裡的「逆」。

這才是構成少正卯被孔子謀殺的主因，有如鄧析被鄭國大臣駟歂殺死。

上述的觀點是依據《荀子》〈宥坐〉以及《孔子家語》〈始誅〉的內容所推論之結果，這兩本書提到，若不謀殺類似少正卯那樣人物的話，儒家擔心將會產生下列三個「嚴重」的後果：

一、談說足以飾褒榮眾

這句話在帝王專制時代不好了解，但在民主自由的台灣已經很容易理解了。因為在台灣，哪一個政治人物在選舉的造勢會場上，不是透過演講口才褒讚人民的偉大，讓群眾深感榮耀？

少正卯的演說「足以飾褒榮眾」卻變成儒家孔子必須殺死他的理由？儒家提出這個謀殺的藉口，也證明古代中國確實發生過貴族官員宣揚人民主體意識的事實。但是任何人若膽敢「談說足以飾褒榮眾」去加強平民百姓的主體意識，歷史裡的真正孔子與歷代儒家知識分子（註廿五）馬上迫不及待地痛下毒手謀殺也絕不心軟，並且曝屍三天以達殺雞儆猴的恫嚇之效；儒家在對付抗暴的人民以及「膽敢」支持群眾的官員們，真的不會有任何溫良恭儉讓。

二、居處足以撮徒成黨

這句話在帝王專制時代也不好了解，但在民主自由的台灣卻很容易理解。哪一個能言善道又有名望的政治人物，他的身邊或住處沒有眾多的支持者？有哪幾個政治人物沒有投靠任何政黨，或是靠自己的群眾魅力去成立一個新的黨派？

少正卯身邊吸引了認同他也支持他的平民百姓，這樣的「居處足以撮徒成黨」，卻成了孔子非把少正卯殺死然後曝屍三日的理由!?

這個謀殺藉口，也間接地證明古代中國人民確實發生過集會結社的抗爭，若不是因為漢武帝獨尊儒術扼殺了這個自由權，古代中國還真的有可能開放人民集會結黨的自由！

三、強禦足以反是獨立

這句話在帝王專制時代很難了解，但在民主自由的台灣卻更容易理解。受到人民強烈支持的政治人物，本來就有能力自成一派，並獨立在既有的權力架構之外。台灣的親民黨、時代力量以及民眾黨，不就是由深具個人魅力的政治人物跳脫傳統藍綠政治勢力所創立的政黨？

但這種人在孔子的時代等於是有足夠的權力基礎，可以獨立在封建統治階級的政治體系之外，所以儒家把少正卯這樣的人視為「小人之桀雄」，非謀殺不可！

這個「小人」不是指品德卑鄙之徒，而是沒有官職的平民百姓。這就證明了少正卯乃是獲得平民百姓擁戴的雄傑人物。

為什麼深受百姓愛戴的少正卯，孔子卻反而非殺不可？

因為這種人具備獨立的權力基礎，成為儒家在貫徹不平等的周禮孔仁制度，最難以駕馭也最難馴服的反對勢力，所以孔子跟歷代儒家官員，無論如何都得盡速剷除像少正卯這樣的人，就像鄭國執政者謀殺鄧析。

從孔子以及歷代儒家所捏造的五大罪名跟三個控訴理由，我們可以推論出少正卯應是一位想要為民謀福利，並且頗獲民心的魯國高級官員，這也是端木賜特別指出少正卯乃是頗有名望之人的原因。少正卯被孔子謀殺，應該是魯國版的鄧析事件，而且三桓應該是在暗中支持的。

以下是筆者個人推論的結果：同樣是公布法律讓人民知道的客觀事實，少正卯跟孔子卻有不一樣的主觀判斷。少正卯從國僑以及趙簡子公布規範的先例得到啟發，他覺得頒布法律讓人民知道，那是一種公開透明化執政作為的好事，進而減免人民對政府的疑懼，降低人民採用暴力反抗統治階級的風險。

或許正因著這樣的想法，少正卯等到陽虎政變失敗之後，開始運用他身為貴族所得到的知識與專長，竭盡所能地幫助平民百姓減輕或免除周禮酷刑的處罰，進而獲得魯國人民的擁戴，但這些有利於民的作為卻變成少正卯被三桓與孔子謀殺的藉口。

古代中國的平民百姓為何會支持少正卯跟鄧析這一類的人，然後勇敢地起來反對周禮制度？

我們認為，因為周禮孔仁是由王、公、大人們單方面制定去管理人民的統治工具，周禮孔仁欠缺人民自由意志的選擇與決定是否採用。

縱使是國僑（子產）的刑書或是趙簡子的鐵刑鼎，雖是因應人民抗議所頒布的規範，但仍然沒有經過人民投票決定是否同意採用。

相較之下，羅馬共和的十二銅表法更符合民主原則，因為兩千四百多年前所施行的十二銅表法，乃是經過羅馬公民大會投票通過的法典規範（註廿六）。

若連鄭國刑書跟晉國鐵刑鼎的民主程度都無法跟十二銅表法相比，絕對沒有任何民意支持的周禮孔仁，當然沒有任何資格用來規範人民，古代中國人民當然會起來反對；而能夠幫助平民百姓反抗周禮酷刑統治的人，當然受到熱烈的歡迎。

這才是禮壞樂崩的真正主因！

縱使春秋時代真的實踐了儒家的孔子之道，平民百姓仍然只是統治貴族的奴僕，但同時代的希臘羅馬公民就已經開始學習如何當家做主了（註廿七）。古中國的少正卯雖然想要為民謀福，卻牴觸了封建統治階級的既得利益，引起了三桓的嚴重猜忌。於是三桓暗中允許孔子充當表面的劊子手，斬殺屠滅任何潛在的政治敵人，以免魯國百姓受到少正卯的鼓舞，也避免讓人民的主體意識在魯國生根、茁壯！

大家都知道孔子最高的官位就是魯國的大司寇，而大司寇最主要的職務就是執行《周禮》〈秋官司寇〉裡有關刑殺、屠戮人民的規定。假使魯國人民也效法鄭國與晉國的平民百姓，紛紛起來要求孔子公布周禮的刑罰規範，並且要引用鄧析的《竹刑》作為統治階級適用周禮五刑的依據，您猜想孔子會站在人民這一邊，還是會站在統治者那一邊？

少正卯被孔子謀殺就是至聖先師會站在哪一邊的最好證明。

孔子在整個謀殺事件就是甘心淪為三桓的殺人工具，這也是孔子為何敢殺死少正卯這麼高位官員的原因。難怪儒家書籍都提到在一開始的時候，三桓對孔子非常信任，到了言聽計從的地步，但卻沒有任何一本儒家書籍說明孔子做了什麼事情讓三桓如此信賴。當個小小的中都宰值得如此信任，讓孔子再三加官晉爵嗎？

孔子替三桓謀殺了少正卯，藉以杜絕魯國人民開始有當家做主的想法，恐怕這才是三桓為什麼會非常信任孔子的歷史黑幕……

至聖先師呀，為何我們的耳邊一直響起您的諄諄教誨：「若是不仁不義才能獲得的富貴，那種富貴對我（孔子）而言有若天上浮雲……」

為什麼孔子跟歷代儒家為了官位就自甘墮落成有權有勢大爺們的打手跟殺手，然後對不同政治立場的人，採取《禮記》〈王制〉的「孔子之道」作為謀殺政敵的藉口，藉此賺取自己的榮華富貴？

這跟秦檜用莫須有的罪名謀殺岳飛有什麼不同？

歷代儒家讚捧「孔子之道」能夠感化世人做到修身、養性、齊家、治國、平天下，但是將「孔子之道」放諸現實世界去實踐的話，竟是依靠儒家經典《禮記》

 五十四歲的孔子擔任大司寇，「司寇」是什麼樣的官？擔任大司寇的孔子有沒有謀殺深受人民擁戴的少正卯？

〈王制〉的理由去謀殺政敵的血腥局面？

當魯國百姓們望著地面上的少正卯屍體，死掉的卻是古代中國人民才剛剛崛起的主體意識！

謀殺少正卯的政治後遺症

《禮記》、《荀子》、《孔子家語》跟《史記》裡有關如何謀殺跟鬥臭政敵的藉口，還有孔子謀殺少正卯所立下的「典範」，都讓歷代儒家分子了解：只要他們能掌握到生殺大權，任何人若成為有權大爺們的政敵，不需要政敵做出任何實際上的犯罪行為，也不需要掌握政敵的犯罪證據，更不需對政敵做任何的審判，只要儒家覺得政敵們的「動機」可疑、「其心可誅」，就能夠隨時隨意痛下斬殺屠滅政敵的毒手。

由此觀之，中國歷史上惡名昭彰的「誅心論」跟「孔子之道」，確實有著不可切割的內在關聯性！

孔子謀殺少正卯的模式，就是先用隱晦莫須有的誅心論藉口處死政敵，然後再鬥臭對方的名聲，讓他們無法得到歷史的平反。這一個「鬥爭的套路」就成為儒家中國的政治遺毒，後世的國家領導人跟政治人物紛紛效法，我們可舉一個罷黜百家之後的例子加以證明。

《漢書》〈淮南衡山濟北王傳〉（註廿八），那位獨尊儒術又閹割司馬遷生殖器官的漢武帝，當他要謀殺堂叔（淮南王劉安）之時，便在皇族內開始製造殺伐的輿論，劉姓親王們紛紛上書漢武帝，竭力主張劉安非死不可。

膠西王劉端也是上書者之一，他指控劉安「行邪辟、有詐偽心，營惑百姓，以亂天下」，所以非殺劉安不可。

比對膠西王所陳列必須謀殺淮南王劉安的理由，類似孔子謀殺少正卯的理由：「行僻而堅、言偽而辯、心逆而險、談說足以飾褒榮眾。」

膠西王謀殺劉安的理由，也很像《禮記》〈王制〉所主張不用犯罪行為、不需證據、不必調查也不用審判即可謀殺政敵的理由：「行僻而堅、言偽而辯、學非而博、順非而澤以疑眾，殺」。

從孔子謀殺少正卯的公案（註廿九）以及《禮記》〈王制〉的內容，客觀的事實再三證明「儒家思想」確實是政治鬥爭的最好工具。難怪儒家中國的官場充滿了內鬥內行的高手，因為他們讀通了一般人無法透徹的「孔子之道」，然後加以「恭行」在政敵的身上，原來秦檜才是真正的孔子信徒！

第四個史蹟

父子互告、孔子必也無訟以及三個月內使魯國大治的祕訣

話說孔子謀殺少正卯之後，再進入季孫桓子的豪宅向他報告「執政方針」，原來孔子這些嚴刑峻法的手段，就是效法當年國僑（子產）傳授給游吉的施政祕訣：先用猛政、猛刑讓人民畏懼害怕，這樣百姓們就不敢再輕視統治階級。等到人民都敬畏統治者之後，再用寬政對待平民百姓，這就是「猛以濟寬、寬以濟猛，讓猛、寬的統治手段交替運用，才能達到政治上的『和諧』」（註卅）。這才是歷史上真正的孔子。

季孫桓子聽了孔子的「高見」之後，拍案叫絕；於是三桓就更加信任孔子，也對孔子更為言聽計從了，這是孔子取得三桓信任的真正原因。

少正卯被曝屍三日之後，多數的魯國人民大駭，紛紛覺得孔子不是玩假的。但是出乎孔子意料之外，今天竟然有一對父子互告，進了司寇府內的大堂還忿忿爭執不休。

這就是《荀子》〈宥坐〉以及《孔子家語》〈始誅〉另一個故事：「父子相訟，孔子拘之，三月不別」。就是說有一對父子互告（互為原告，彼此相訟），孔子把他們抓起來關在大牢裡，整整三個月不調查、不審理也不判決。

那個兒子當場抗議：我犯了什麼罪？什麼法律規定說政府可以無緣無故就把「原告」（註卅一）抓起來關？

大司寇孔子對那人說：不用管你犯了哪一條法律才被抓起來，我（孔子）說你該被關就可以關，該關多久就關多久。因為只有我們（儒家和統治階級）才有資格看到法律，平民百姓憑什麼要知道生殺予奪的法律內容？

這下子連那個父親都開始大聲抗議：為什麼對百姓生殺予奪的法律內容不准讓人民知道？

孔子厲聲回答：讓人民知道統治階級的貴族是依據什麼周禮酷刑對人民生殺予

奪之後，平民百姓還會尊敬貴族嗎？

口沫橫飛的孔子繼續發表他的高明見解：人民一旦知道刑罰規範的內容，就會依據自己對法律的了解而開始抗辯，這樣的話，平民百姓怎可能再乖乖地聽從統治階級的使喚，哪裡還會把統治者放在眼裡？

看到父子二人仍有忿忿不平的表情，對於膽敢如此輕慢統治者的「刁民」，孔子覺得應該是「用猛使民殘」的時候，他立即用更高厲的聲調說：因為太多人像你這個賤民一樣，竟敢不乖乖地順服我們（儒家跟貴族）的統治，還敢問東問西地質疑我孔子的權柄，所以不能讓人民知道訂定不平等周禮制度的依據跟原因。我（孔子）已經說過N遍了，「民可使由之，不可使知之」，懂了嗎？

孔子說到此，再補最後一槍：想要知道儒家跟統治者是用什麼周禮酷刑去找平民百姓的麻煩，等死後投胎到統治階級的貴族世家再說吧！

父子齊聲再抗議：可是我的儒家老師說你講的那句話是「民可使，由之；不可使，知之」；另一個儒家老師是說「民可，使由之；不可，使知之」。按照儒家老師的說法，你（孔子）對於不知道、不可使的人民，應該是會諄諄教誨去讓人民知道才對，所以我們才向你抗告呀。

孔子：這句話是我講的，真正的本意我才清楚，叫你的老師來找我！

於是父子被關在大牢裡超過兩個月，家屬來探監，順便送些飯菜。

老婆對著老公抱怨，「到底是怎樣!?被關起來都已經超過兩個月了，大司寇孔子既不調查誰對誰錯，也不審理該受什麼處罰。家裡的田地沒有播種也沒耕耘，眼看都已經荒蕪了，到時候哪裡生出錢來買飯吃？為什麼我們魯國人民就要活得如此卑賤，完全不給個道理，任憑統治貴族要殺就殺、要關就關！而且這個天殺的孔丘，他不也是出身陋巷的貧民戶嗎？恁地歹毒要找平民百姓的麻煩！」

長達三個月之內，孔子不調查、孔子不審理、孔子不判決，他就只是把父子二人關在大牢裡。孔子根本不管誰對誰錯，只是按照他自己主觀上的道德價值去處理所有的爭訟案件。

雖然推崇孔子的人主張儒家的核心價值與終極關懷是維護「傳統價值觀以及涵養基本人格」，但依據兩千年前儒家書籍的內容去看，卻證明孔子最關心的事情是儒家的封建倫理道德是否被人民遵守，那種「貴族恆尊、平民永賤」的周禮孔仁能否被貫徹，那才是至聖先師念茲在茲的終極關懷。所以這個記載也證實了誰是、誰非、誰善、誰惡並不是儒家關注的首要重點，對儒家而言，是非善惡的真相僅是次要的事情。

眼見無緣無故被關在大牢裡長達三個月，已經錯過播種、耕耘的時間，那個為父的人只好趕緊撤回控訴。

孔子趁機對司寇府的低階官員和獄卒們曉諭：「聽訟，吾猶人也，必也使無訟乎」（註卅二），原來這就是孔子讓魯國人民不再互告的高明手段！

依據《荀子》〈宥坐〉以及《孔子家語》〈始誅〉的記載，孔子還對父子二人曉諭儒家的孔子之道：「言必教而後刑也，陳道德以先服之，而猶不可……若是三年而百姓正矣。其有邪民不從化，然後待之以刑，則民咸知罪矣。」

父子二人聽得滿頭霧水，孔子看他們聽不懂文言文，就自己翻譯成白話文：我（孔子）對待人民的寬限期就是先用周禮教化三年，三年之後若還有任何刁民敢反抗統治者，我（孔子）就不客氣了，這就是剛才講的「若是三年而百姓正矣。其有邪民不從化，然後待之以刑」，你們兩個懂了嗎？

那一位父親急於返回田裡工作，雖然有聽但沒有懂，也只好唯唯諾諾地點頭，但內心一直狂譙猛訐：孔丘大老爺，平民百姓可沒您那麼好的命，耍耍嘴皮子、搖搖筆桿子就能拿到六萬斗的俸祿。老百姓若不在烈日底下引水播種，若不在風雨天裡耕耘除草，誰願意施捨食物給平民百姓呢？

想到魯國人民隨時隨地都可能被統治階級抓起來關，也不知自己犯了什麼罪，只能戰戰兢兢、畏畏縮縮地服從王、公、大人的任意處置。

那個父親突然想起少正卯大人，他一直主張魯國應該效法鄭國與晉國，公布刑罰規範好讓全國人民都看到法律的內容，如此一來人人就可以預先知道什麼行為會遭受哪一種處罰，當官的人也不敢不依據刑罰規範，就擅自肆意地處罰人民或是亂把百姓們關進大牢。

少正卯不論在街上或是家裡，身邊都圍繞了群眾，大家都渴望他能早日成功地貫徹類似國僑、鄧析或趙簡子那樣的政治措施，但是少正卯大人被孔子謀殺了。跟鄭、晉兩國同樣是姬姓的國家，為何當魯國的人民這麼悲哀？

走到了田邊，那位父親望著已經荒廢三個月的土地，早已過了播種耕耘期，今年冬天怎麼過呀？

他看到站在乾枯田埂的妻子，兩人只能抱頭痛哭！

孔子謀殺少正卯，然後又不分青紅皂白就把一對父子關在監牢裡面長達三個月，這些消息傳遍整個魯國，這下子真的沒有任何人敢把孔子或是魯國當政者的命令當廢話了。

孔子想要控制全國物價，所有販羊賣豬的商人縱使虧本也不敢提高價錢；孔子說男女有別，路上男女就算是夫妻也都分開走路，不敢再手牽手逛街。孔子教化人人要路不拾遺，所以任何走在路上的人，就算是自己掉落的東西，也不敢撿回去。

孔子執政果然造成魯國氣象「煥然一新」。厲害了，我的孔子，才短短三個月就用嚴刑峻法讓魯國大治！

孔子二十九歲之時，他是非常贊成國僑（子產）對任何膽敢輕慢統治者的人民，採用猛政、猛刑嚴懲百姓到「殘」的程度才肯罷休，當時孔子只是手無生殺大權的在野知識分子。五十三歲的孔子已經握有生殺大權，他說丈夫不准牽著太太的手一起在路上走，誰敢不服，哪一個人民膽敢再輕慢統治者？在孔子的統治之下，人民天天處在恐懼驚嚇的狀態，因為隨時可能被抓進監牢三個月，甚至直接曝屍市場！

雖然儒家主張孔子思想「形成了完美的倫常道德秩序，忠孝節義的精神，使人與人的相處更為和諧幸福」（註卅三），但我們從歷史的記載裡卻發現真實的孔子絕非如此。孔子這些行為，跟儒家動不動就口誅筆伐的「法家」有何不同？

許多儒家書籍都寫著孔子治理魯國，才短短三個月便使「販羊賣豬的商人不敢哄抬價錢，路上男女都分開走路，各守禮法。路上掉落的東西也沒人敢撿回去」，造成魯國氣象煥然一新。

但是引用這種例子的儒家分子，不知是否有意識到，才短短三個月就使魯國大治的原因是「如何達成」的？

司馬遷在《史記》裡僅提到孔子三個月便使魯國大治，縱使這段刻意讚捧的記載是真的，但兩千多年來卻沒一個儒家分子能夠提出孔子到底是用了什麼方法，才讓魯國在這麼短的時間內大治？也從來沒有任何一本儒家書籍（包含《論語》）透露出孔子是用什麼方式，讓人民在短短三個月內就願意遵守他的施政管理。

孔子是依靠儒家一貫主張的孔仁周禮達成「三月使魯國大治」？或是借用其他的方法，例如殘酷的刑殺手段？這絕對值得我們去分析。

若是真的藉由孔仁周禮的實踐便能「三月使魯國大治」，可能跟事實不符合，畢竟孔子自己都講過讓他統治一個國家，一年才能初顯績效，三年才可成功（《論語》〈子路〉第十章），所以孔子若真的採用周禮孔仁，不可能才三個月就使魯國人民順從孔子的施政跟「教化」。

更何況孔子的官位和職務就是掌管刑殺的大司寇，而不是管理民政跟教育的大司徒，有關「教化」的執政措施，根本輪不到孔子插手。

所以孔子到底是用什麼方法讓魯國在三個月內就大治？

透過上述《荀子》〈宥坐〉跟《孔子家語》〈始誅〉的故事，還有《禮記》跟《左傳》有關孔子的其他史蹟，人人都會驚覺：至聖先師的統治手段，跟儒家動不動就口誅筆伐的「法家」有何不同？

儒家跟法家真的是同一家！

有了這樣的體認，才能理解為何孔子大力贊成採用猛刑使人民殘廢；而另一位大儒荀子為什麼會教出韓非和李斯。

中國歷史上根本沒有什麼「陽儒陰法」的事情，那只是儒家為了獨獲帝王恩寵所做出的切割與推卸責任之詞，因為孔子當過最高的官位就是負責刑殺的大司寇，所以儒、法原本就是同一家，這才是歷史的真相。

筆者跟許多四、五、六年級生一樣，生長在所謂「中國文化復興運動」的時代，每天上課走到小學的大門之前，都還得脫帽向孔子銅像鞠躬才能進校門。但是年長後從儒家書籍翻出孔子真正的行徑，非常震驚造神運動與個人崇拜的可怕：其可怕之處在於對任何人只要從小灌輸並教育不同於事實的內容，就可以瞞騙那麼多人，還可以欺騙那麼久！

了解真正的孔子之後，再反過來看儒家造神孔子的言論，不得不讓人動怒了，因為那些人除了睜眼說瞎話之外，根本是把天下人當三歲小孩在欺騙。或許我批判的話說得太重了，但個人覺得法家就是明目張膽要動用猛政、猛刑的「真小人」，但儒家卻是滿口仁義道德，卻手拿屠刀要用猛刑剁掉人民鼻子、閹掉百姓生殖器官或是砍掉平民雙腳的「偽君子」。

中場插曲：孔子生長的時代——古代豪放女跟超現代的古人

上述四個史蹟讓我們看到真正的孔子對待人民頗為兇殘的真實歷史，如同筆者一位好友所說的，歷史記載讓我們驚嚇地領悟了一個事實：原來聖人是賤人！

這些歷史的真相證明了儒家思想是反對人民主體意識覺醒的帝王統治工具，如同中國的獨立作家魏得勝（註卅四）提出頗具睿智的觀點：「中國歷來的統治集團之所以重用儒家，是因為儒家學說能幫助專制主義鞏固政權！」儒家之所以能夠鞏固獨裁帝王們的政權，魏得勝認為正是因為孔子思想有著「一切專制主義的權力意識，更有助紂為虐的幫兇理論」！

接下來，我們會看儒家思想與軍事暴力有著內在關聯性的三個史例。

但在看清儒家與軍事暴力的內在關聯性之前，讓我們轉換這種令人飽受驚嚇的心情，先去看一下孔子生長的時代背景，藉以了解歷史上真正的孔子是如何煉成的。這些煉成的內容絕對跟市面上的儒家書籍不同。

不過在看下面的歷史記載之前，您可能得先有個心理準備：千萬別以為現代人已經夠荒唐跟淫亂，這本書除了從歷史裡找出真實的孔子之外，我們將看到在階級森嚴的不平等周禮制度之下，許多「人心很古」的古代人，會讓現代人感到多麼的不可思議。

也因接下來的歷史紀錄包含許多腥羶色等等淫穢、齷齪、狗皮倒灶、荒誕不經以及桀驁不遜的史實，若是您無法忍受如此淫亂跟荒唐的記載，懇請直接跳到下一個單元（有關儒家思想與軍事暴力的內在關聯性），以免被古代人非常後現代的崩壞「性」行為給搞到神經錯亂，在下也沒錢掏腰包幫您請個好的精神科醫師……

野合之子與古代豪放女

孔子是怎麼誕生的？《史記》〈孔子世家〉是說至聖先師因父母二人「野合」

而生。

但什麼是「野合」？

所有儒家書籍對「野合」的解釋，聽起來都非常佶屈聱牙、隱晦幽閉，好像有什麼見不得人的醜事必須隱瞞，反而欲蓋彌彰。所以多數的儒家書籍在大篇闡述之後的結論，只說「野合」是不符合周禮的「非禮」婚姻。

但「野合」哪裡「非禮」了？

儒家書籍又再次給了非常為聖人「諱」的答案，以免人們從「野合」聯想到「野外雜交趴」。

根據我們對儒家的了解，越是儒家要掩蓋的事，就越反而是真實的。所以「野合」極有可能是古代人的野外雜交趴。但是您說這種連現代人都不敢做的事情，兩千五百年前的古代人真的這麼敢？

好吧，空口無憑，我們就以圖為證，一起上網看兩張漢朝陶磚上的浮雕（註卅五）！這些漢朝「桑林野合」畫磚，畫的是在猴子攀樹的野林裡，不僅男男女女赤裸裸地坦誠相見而已，男生們的「做人工具」還大剌剌地展現；而且未成年的孩子也在旁觀摩，甚至幫助大人們「如何做人」！

這種野外雜交趴應該就是《周禮》〈地官司徒〉的內容，「中春之月，令會男女，於是時也，奔者不禁。」

也就是說在晚春時節（中春之月），當萬物已經從酷寒的冬天甦醒並且拚命地生長、繁殖的時候，姬周王朝的統治者准許男男女女在野外聚會（令會男女），不管做什麼事，統治階級也不會加以禁止（奔者不禁）。

當時的野外雜交趴不限年齡且自由參加，所以孔子的父親（孔紇）年紀雖已六十，竟然就在野外雜林裡衣衫不整地壓在一個年紀不過十六、七歲的嫩妹身上，那位嫩妹就是孔子的母親（顏徵在）。說到咱們至聖先師的父母，果然是男的老當益壯地展現「做人的技巧」，而女的也初學「做人的道理」！

古代中國人會有這種「坦誠相見」的集體狂嗨同樂會，我們猜想應該是兩千多年前的北方中國人，仍保有先民那種為了祈求農作豐收、萬物繁殖，並且藉機繁衍人口的風俗習慣。古代人很可能不只在春天搞這種春色無邊的集體同樂會，所以周朝政府把這種「天體無遮大會」限縮在春天，從無時不刻想嗨就嗨，改成只能在中春之月舉行。

這類型的先民習俗就在農耕播種期的晚春時節，數百名甚至上千名男男女女，只要雙方看對了眼，馬上就可在光天化日之下，搞起「無遮同樂大會」，而周朝的統治階級也不會加以阻止，讓大家縱情地砌磋「做人的道理」跟相互鍛鍊「做人的技巧」，最後一起「搞出人命」！

現代中國人拋棄這個傳統，只是在電視上搞個央視春晚的慶典，讓男女歌星一同唱歌跳舞而已，無法在電視上恢復固有文化、實況轉播兩千多年前的「無遮天體大會」，真是令人惋惜。

古代中國各地方都會在每年的仲春之月，舉辦例行的野外雜交趴，例如宋國的桑林、燕國的祖澤、楚國的雲夢以及齊國的社稷，都是當時非常有名的野外雜交趴場所。

讓我們把目光轉回到兩千五百年前，在齊南魯北雜林內數百名或上千名的野合男女，意外地湊合了年邁老頭（孔紇）跟年幼嫩妹（顏徵在），這兩個人成了儒家第一號大聖人孔子的父母。

據說孔紇的祖先是宋國的高級貴族，但為何從宋國跑到魯國，還淪落為魯國貴族們的跑腿（武士）（註卅六），盡幹些賣命的苦差事？

原來又是因一樁男女「性」關係所引起。

孔子有一位祖先的妻子太嬌豔了，引起其他貴族的覬覦，結果不僅美麗的妻子被奪走，還惹來殺身之禍。這樁荒唐事件導致子孫們逃亡到魯國定居，淪落為魯國的武士。

現代人很難相信怎麼會因為妻子太美就被殺死，然後子孫們必須逃亡到國外，因這種事在現代最慘的結果也只是以離婚收場，但是這種無厘頭的怪事就是會發生在古代。這件悲劇讓孔子的祖先從宋國世卿的地位，降貶三級淪落為魯國的武士。

讀過《左傳》、《史記》跟《漢書》的人都能夠領悟「人心很古」的古代人，其實是非常「後現代」的，除了搞什麼野外雜交趴之外，古代人還做過人獸交（註卅七）、換妻（註卅八）、兄妹或叔姪亂倫（註卅九）、公公偷媳婦（註四十）、叔嫂亂倫（註四一）、貴族夫人包養小鮮肉（註四二），還有等一下就會提到那個勾引同事老婆的屈巫臣……

若要證明「古人之心」有多麼的「敦厚純樸」，我們就看另一位古代豪放女的故事，藉以了解春秋時代的男女性關係是多麼的「超現代」！

先前提過鼎鼎大名的鄭國執政大臣國僑（子產），他的親姑姑就是那一位古代豪放女，夏姬。依據大男人沙文主義者的觀點，讓我們來看這一位古代豪放女如何搞垮一個國家、搞死三任丈夫、搞慘七個男人（註四三）！

鄭穆公的女兒夏姬嫁給陳國大夫夏御叔，生下夏徵叔。但謠傳她還沒出嫁之前就跟同父異母的哥哥搞上了。可能夏御叔「做人」的能力無法跟得上老婆夏姬，結果提早「鞠躬盡瘁」、「精盡人亡」，讓夏姬成了寡婦。

我們深信夏姬絕對是長得非常嬌豔、亮麗，所以陳國國君（陳靈公）跟兩名大夫捨不得讓她空守閨房，代替亡夫殷勤地照顧夏姬。

陳國君臣們還不恥下問地向美豔的寡婦學習如何精進「做人的技巧」，真是好學不倦呀！

不僅如此，陳靈公竟然荒唐到穿著夏姬的內衣，到朝廷上向兩名大夫炫耀。這幾個荒誕不經的君臣，還變本加厲地開起風流寡婦之子的玩笑，相互戲謔夏徵叔長得像陳靈公。

閱讀古代中國史至此，是誰說古代人比現代人具備更豐富的道德涵養以及敦厚純樸之心？

國家領導人荒唐到這種地步，年輕氣盛的夏徵叔無法嚥下這種羞辱，親手拉弓射死陳靈公。夏姬、陳國大夫孔寧、儀行父以及陳靈公四人大搞又特搞，結果真的搞出人命。

陳靈公一死，南方霸主（楚莊王）趁機滅掉陳國。

為了杜絕以下犯上的弒殺國君事件，號稱英明雄武的楚莊王把夏姬的兒子夏徵叔抓起來，並將他五車分屍，這應該是春秋時代第一件明文記載的五車分屍慘案！

當時楚莊王羋旅以及莊王的弟弟羋側（司馬子反）都想得到美豔的夏姬，卻被楚國大夫屈巫臣用非常義正嚴詞的理由諫阻下來。夏姬最後被楚莊王封賞給楚國大臣（連尹）襄老，讓夏姬有了第二任丈夫，那時夏姬的年紀應該已經四十歲了。

一年後，襄老可能在床上的戰場被夏姬操練到「力疲精盡」，一上真正的戰場，就無力作戰而死在楚晉第二次爭霸大戰（邲戰役）。沒想到襄老的兒子不僅沒有喪父之慟，竟然趁機搞上身為後母的夏姬。可想見夏姬的豔麗跟風騷，讓每個遇上她的男人，完全不顧任何倫理道德的約束。

夏姬呀，你還真的是生冷不忌、老少咸宜呀，我們真的太敬佩你了，因為你這個女人實在是太能幹了呀！

那一個滿口仁義道德、滿臉正義凜然的屈巫臣，其實才是最哈夏姬的登徒子。他用盡心機讓夏姬回到她的故鄉（鄭國），然後再找機會跟她一起私奔到北方的晉國。

私奔途中遇到楚國的官員，屈巫臣臉上那種掩藏不住的喜悅模樣，讓楚國官員大感詫異，認為屈巫臣接受軍事的重責大任，但表情卻好像衛國人民要去參加桑中地區的野外雜交趴一樣的興奮。

衛國的「桑中」就在現代中國河南省淇縣境內，那是春秋時代的衛國政府特許男男女女在春天縱情私奔，以及一起「做愛做之事」的野外雜交趴地點。

屈巫臣和夏姬私奔的消息傳回楚國之後，讓屈巫臣的情敵（司馬子反）憤恨難消，藉機屠殺屈巫臣的家族。

用這麼殘忍的手段對付情敵，古人之心真的是非常「敦厚樸實」！

屈巫臣竟因愛上一位豪放女而慘遭滅門的悲劇，他發下毒誓要讓自己的祖國疲於奔命並且亡國，因此請求晉景公讓他出使吳國（江蘇省蘇州），教導吳國射箭、陣法、駕馭戰車等戰術技能，還讓他的兒子（狐庸）擔任吳國的外交大臣，聯絡淮河流域的國家背棄楚國，轉跟吳國結交。

吳國開始強大，逐漸往北占領淮河流域，展開吳、楚兩國的爭霸，埋下七十多年之後吳王闔閭、伍員、孫子率領十萬精銳部隊攻打楚國，差點滅亡楚國的肇因。

古代中國有許多「後現代」的行為，根本不足為奇，只是儒家的「虛偽道德神話」盛行太久，刻意隱瞞了當時習以為常的風俗習慣。

讓我們回過頭去看孔紇與顏徵在。

對顏徵在這位才十六、七歲（高中年紀）的少女而言，與六十歲的孔紇發生性關係並未替她帶來幸福。顏徵在原本和那時年輕的美眉們一樣，認為只是到野外雜交趴搞個一夜情，誰知道竟然搞出一世債。

老頭子孔紇沒幾年就死了，而孔紇的大老婆根本不承認顏徵在所生的兒子是孔紇的種，害得這位年輕嫩妾只好回娘家，和顏氏家族一起貧困地生活著，獨自一人盡其所能把孔子養大。

可能是營養不良再加上常被孔紇正妻斥罵的羞辱，導致這位年輕的女性很早就死了（可能不到三十二歲）。

大約是顏徵在不幸過世的年代裡，魯國三大權臣，季孫氏、叔孫氏以及孟孫氏，瓜分了全國的土地，由勢力最大的季孫家族獨得一半土地，而叔孫家族和孟孫家族各取四分之一，讓魯國國君成了光棍君主：沒錢、沒人也沒地了，淪落到凡事都得仰仗這三個豪族世家。

這三大家族被稱為「三桓」，因為三桓是從魯桓侯（註四四）分支出來的公族。

所謂的「三桓」如何產生？您若猜到是跟男女性關係有牽扯的話，您真是有智慧，沒錯，又是一樁桃色風波。

大約是孔子出生之前一百六十年（紀元前七一一年），魯桓侯即位當國君。這位魯桓侯跟許多古代的貴族男人一樣，頭上戴著一頂光鮮亮麗的大綠帽！

原來他的正妻是齊國公主，但那位公主竟然跟自己的哥哥（齊襄公）亂倫通姦，而姦夫齊襄公還扮演春秋時代的西門慶，謀殺當時的武大郎魯桓侯，真是悲慘的人生呀，武大郎一世。

魯桓侯有四個兒子，嫡長子繼任為魯莊侯。剩下的三個兒子，也就是魯莊侯的三個兄弟，其中一個叫做慶父，就是三桓之一孟孫家族的祖先；另一個弟弟叫做叔牙，他的後代就是三桓的叔孫家族；小弟叫做季友，就是三桓最強大的季孫家族的祖先。因為這三個家族都出自於魯桓侯，所以被後人稱為三桓。

為什麼年紀最小的人後來反而權力最大？

這個……這……當然又牽扯到另一樁不正常的男女性關係。沒想到禮樂之邦的魯國竟然是春色無邊、桃花處處開！

原來魯莊侯的大弟（慶父）竟然跟自己的太太來了個叔嫂戀，讓魯莊侯戴上了大弟為自己編織的時尚綠帽。

魯莊侯呀，您的父親戴上綠帽子就算了，沒想到您還是逃不了這個厄運，終生無法脫下頂上的大綠帽。唉，魯國的君主們，你們是遭受了什麼綠帽神咒呀？喔，對了，謠傳武大郎的故鄉就在魯國……難怪了……

魯莊侯因為沒有自己的嫡長子，打算冊立自己所喜愛的一位庶子繼承，於是他詢問二弟叔牙的意見。

沒想到叔牙這個人和孔子一樣的死腦筋，便說無嫡長子的話，就採用兄終弟及的方式，應該讓大弟慶父繼位。

魯莊侯一聽，當場怒從心中起、惡向膽邊生，因為他頭上那頂綠悠悠的帽子就是大弟兼情敵（慶父）給戴上的，就算打死他也絕對不讓慶父得到國君的權位。

於是他把小弟季友找來，而季友這個人精靈又滑頭，看準風向之後，立馬贊成魯莊侯應該把國君位置讓由他所喜愛的庶子繼承。

這麼決定後，接下來就發生周禮制度下常見的悲劇：因為周禮就是依據生殖血緣關係所建構起來的原始制度，萬一王、公、大人們發生通姦、亂倫、雜交、換妻等等異常的男女「性」關係，或是正妻的長子沒有繼承君位（註四五）卻改由小老婆的兒子繼位，保證一定會發生血腥暴力的結果。

贊同魯莊侯的季友因站對邊而崛起，而慶父和叔牙卻因站錯邊而喪失性命，因為魯莊侯跟季友必須剷除任何膽敢反對下一任國君繼承權的政敵，縱使這些政敵是自己的親兄弟也不可饒恕，這就是周禮制度極為血腥殘暴的一面。

這種血腥又極為不穩定的周禮制度，卻在儒家中國流行超過兩千年。

在此我們得用一個古希臘的價值觀去比較儒家中國那種父傳子的周禮封建制度：古代希臘人判斷一個民族是野蠻或文明，其中一個標準就是政權轉移之時，若因制度結構而常常發生血腥動盪，那個民族就是野蠻人（註四六）。

依照這個標準來看，古代希臘人應該會認為儒家中國的封建周禮是一個野蠻民族的政治制度。但是古希臘人眼裡的野蠻制度，卻是號稱禮樂之邦的魯國所遵奉的最高典範，這也是中西文化的價值衝突之一。

所以站對邊的季友，他的後代都世襲擔任魯國大司徒（相當於宰相）的職位，成為三桓當中最強大的支派；叔孫家族就世襲大司馬的職位，而孟孫家族就世襲大司空。這就是誕生三桓豪族的兩大性醜聞。

換妻事件所導致的滅門慘案

大概是耶穌紀元前五一四年的時候（魯昭侯廿八年，孔子年滿三十七歲），晉國某一處的豪宅裡傳出猛烈的啪、啪、啪聲響，還夾雜著急促的喘息聲，聽起來很像是啊、啊、喔、喔、喔的無意義語助詞。

原來在那座晉國豪宅裡，有兩對衣冠不整的男女，剛剛「換妻」結束！

等一下，這是孔子還沒四十歲的時代耶，換什麼妻呀？寫這本書的老傢伙，不要汙衊純潔、善良又樸實的古人！

咦？「純潔、善良又樸實」的古人？

要誠摯地向讀者們說聲抱歉了，人心不古的古人之心，往往讓讀到古代中國史的人感到非常錯亂，竟然連「換妻」這種事情也古已有之。

不相信的看官們，可以自己去查《左傳》魯昭侯二十八年的紀事，裡面還用了一個讓現代人聽起來覺得頗為文雅的「通室」，作為換妻的專有名詞，真是令人哭笑不得。

我們不知該用什麼態度去看待如此「前衛」又「後現代」的古人，連二十一世紀都不敢做的嚴重禁忌之事，春秋時代的人早就大搞特搞了。

更嚴重的是這個換妻事件，竟然把孔子大力讚揚的周禮君子（註四七）叔向的家族捲進去，最後導致叔向整個家族被滅，從此消失在中國的歷史裡。沒想到最被孔子認同的儒家君子，竟然也會慘遭類似法家商鞅那樣被滅族的悲劇，原來在悲劇方面，也是儒、法同一家。

叔向家族滅門悲劇的肇因，是晉國大夫祁勝和鄔臧兩人有「換妻」（通室）的癖好所引爆，他們二人天天換妻，縱使相互戴上大綠帽依然換妻換得不亦樂乎，「通室」一通到爽為止。

但祁氏家族的當家之主（祁盈）卻認為祁勝這種換妻的勾當太過荒淫，嚴重地敗壞了祁氏家族的門風，祁盈就動用家法把祁勝抓起來嚴懲。

祁勝趕緊賄賂執政大臣荀躒，荀躒便唆使晉國國君也將祁盈抓起來，因為祁盈沒有事前奏請國君就擅自逮捕官員，犯了藐視國君大人之罪。

沒想到大家長祁盈的家臣，竟然依據家法就先將有換妻癖好的祁勝處死，導致晉國當權派得到藉口滅掉祁氏家族。

而叔向的兒子叫做「楊食我」，他是大家長祁盈的同黨，也因此被逮捕並導致叔向整個家族被抄家滅族。

晉國政府搜出叔向家族的土地面積廣達三個縣，這些土地連同一起被滅掉的祁氏土地（七個縣），共同由另一名執政大臣魏獻子做主，讓晉國六大世卿（趙、魏、韓、荀（智）、范、中行）瓜分之後，再各別派遣自己的兒子們去擔任各縣的大夫。

而我們所熟知「虎落平陽被犬欺」的典故，那個平陽縣就是原本隸屬於叔向家族的土地。

整件事情就是跟晉國國君不同血統的六卿，藉著一樁換妻醜聞去誅殺和國君同姓的公族，還將被滅公族的封地由六卿平均分配。

會特別提到這件事情，當然不是因為換妻醜聞，此事除了讓我們知道儒家君子也會像商鞅那樣慘遭滅族的悲劇之外，更是有關孔子的價值觀。

孔子聽到魏獻子瓜分叔向家族的土地之後，做了以下評論：「近不失親，遠不失舉，可謂義矣。」這句話翻譯成現代中文就是說，魏獻子能夠推薦親近的家屬以及推舉非親非故的賢能，真是義呀。

孔子這種評論讓我們感到奇怪，祁氏家族和羊舌氏（叔向）家族，都是跟晉國國君有血緣的公族，孔子號稱是謹守周禮制度那種強調生殖血緣的關係，怎麼會讚揚異姓貴族屠殺跟國君同姓的公族呢？

況且叔向是孔子稱頌過深具古人之正直風範的儒家君子，但叔向的兒子反對其他政治人物做出換妻的非禮行為，結果導致整個家族被滅，孔子卻絲毫沒有哀憐之處？

《史記》〈孔子世家〉不是說孔子想去投靠趙簡子，但他後來聽聞竇鳴犢、舜華被殺，結果就半途而廢、中途放棄而不敢去投奔趙簡子，那時孔子不是說「君子諱傷其類」（君子會為其他君子的不幸而感到哀傷）嗎？

既然如此，為何身為儒家君子的叔向被滅族，儒家聖人孔子竟然一點悲傷也沒有，還反過來讚揚滅掉叔向家族的仇敵？

難道說成王敗寇的思想才是真正的孔子之道？

喜歡龜公牌大綠帽的衛靈公

孔子滿五十四歲的那一年（註四八），在一座頗為豪華的廳堂裡面，只見孔子誠惶誠恐地跪拜、磕頭再叩首，充分展現出儒家畏大人的本性；原來是孔子發動「墮三都」政變失敗後，逃到魯國西邊的衛國，正在拜見衛靈公。墮三都事件稍後會再詳述。

衛靈公性格慷慨又豪爽，二話不說就賞賜六萬斗的俸祿給孔子，這是他擔任魯國大司寇的薪資。

後來衛靈公詢問孔子有關打仗的事情，但是孔子沒有為了和平去諫阻戰爭，或是因拿了俸祿而提出作戰的策略，孔子就是冷冰冰地悍拒。這件事情記載在《論語》〈衛靈公〉第一章以及《史記》〈孔子世家〉。

沒想到至聖先師竟然是只拿薪水卻完全不做事的米蟲！

我們好奇衛靈公為什麼要孔子提供軍事策略？這事就牽扯到晉、齊、鄭、衛、魯等國的外交軍事關係了。當時晉國六卿爆發嚴重的內亂，導致國內亂成一團，因為六卿之二的范氏與中行氏攻打晉定公，讓晉國所有貴族逮到機會討伐他們，迫使這兩家的當家之主只好逃到朝歌城。

一心一意想要從晉國手中奪回霸主地位的齊景公，打算出兵幫助范氏與中行氏，藉以打擊晉國的反齊勢力。齊景公因此號召衛、鄭、魯三國，一起到脾地、上梁之處舉行國際會議，準備幫助晉國的范氏與中行氏。

衛靈公也因此參加了齊景公召開的盟會，而盟會的主要目的是討論如何打敗晉國，所以盟會的核心議題就是戰爭。但是齊景公、衛靈公、魯定侯等人都是養尊處優、吃喝玩樂的高手，卻是軍事作戰的低手，盟會開了幾天下來也無法擬定出打敗晉國、解救范氏的戰略。

那時的衛靈公當然想起拿他六萬斗俸祿的孔子，就向至聖先師詢問如何打敗晉國，沒想到孔子卻悍然地拒絕衛靈公的諮詢，這不是向天下人展現了什麼叫做「拿錢不做事」的米蟲典範嗎？

另一方面，連開幾天的盟會之後，衛靈公覺得非常無聊，認為還是跟美女在一起比較有人生的意義。南子是衛靈公當時的夫人，以美豔跟豪放聞名於世。南子乃是夏姬之外，另一個豔名流芳千年的古代豪放女，衛靈公當然趁機跟南子相互勤奮地切磋著「做人的道理」。

無奈已經在位三十九年、應該超過六十歲的衛靈公有點力不從心，只好找個藉口掩飾一下自己的「無能」。

「南子呀，沒想到孔丘那傢伙講的話還真有些準頭。」

「喔，他說對了什麼？」臉色紅潤有如熟桃的南子，嗲聲地回問衛靈公。

「孔丘不是說過什麼三十來著、四十怎樣的數學問題？」

「主君，您是說三十而立，四十而不惑？」

「對，沒錯，就是這話。雖說男人三十才能夠『豎立』，是有點太晚了，但孔丘的話還是頗有道理。」

「四十而不惑又能有什麼大道理？」南子邊笑邊問。

「唉，孔丘不是說男人『五十而不硬，六十而不舉』嘛，沒想到我也到了『不硬、不舉』之齡囉！」

南子笑到快不行，還邊笑邊說孔子沒有講過「五十而不硬，六十而不舉」的話。

南子趁著衛靈公自嘆「無能」做個「堅挺不拔的硬漢」之時，誠實地跟衛靈公表明，最近因衛靈公達到「不硬又不舉」之齡，造成她疏於鍛鍊「做人的技巧」，而且越來越退步，變得非常懷念以前的老情人（宋國的公子朝），因為公子朝被稱為中原第一神技的美男子。

沒想到聽完南子想念老情人的話，衛靈公不僅不忌妒公子朝有什麼過人之「長」或驚人之技，才會讓南子如此懷念，更不在乎戴上花花大綠帽，還樂於當個龜公，急忙把公子朝請來和南子相會，藉著溫故知新的做人道理，由公子朝代為教導南子如何精進「做人的技巧」！

這對老夫少妻之間的感情，果真非常「坦誠」，儒家常說古人「樸實宅厚」，應是指這方面超越了現代人。

衛靈公呀，綠帽的品牌很多種，您又何必非要龜公牌的綠帽才肯戴呢？衛靈公這位古代中國人不只是「後現代」而已，簡直是「超」現代了！

儒家眼裡的「姦夫淫婦」（衛靈公與南子）以及「小王」（公子朝），當這三人正打得火熱之時，衛國太子蒯聵奉衛靈公的命令把盂這塊地獻給齊國，應該是衛靈公想巴結齊國藉以鞏固齊、衛兩國的反晉陣線。

但是衛靈公與夫人南子的「性事」已經傳開，早就成為當時的國際大醜聞，所以太子蒯聵經過宋國時，被宋國人民刻意嘲諷，大街小巷的人都唱著：「既然衛國的母豬（南子）已經搞定了，何時把那頭俊帥的公豬（公子朝）歸還給宋國？」（註四九）

宋國人民為何敢用如此「露骨」的言語嘲笑衛國的當政者？

衛國與晉、鄭、魯等國都是姬姓封國，也就是崇拜並且奉行周禮的國家。依據周禮制度，男女之間有著許多嚴格的禁忌跟禮儀，例如孔子當魯國司寇的時候，他就嚴禁男女一起走在路上，縱使是夫妻也不可以。

姬姓貴族們在表面上道貌岸然地「教化」人民要嚴守男女之防的周禮，但他們卻在暗地裡瞎搞、胡搞、亂搞、大搞又特搞男女性關係，子姓國家（宋國）的平民百姓當然要逮著這個寶貴的機會，狠狠地嘲諷姬姓國家的統治階級了。

衛國太子（蒯聵）果然因此大感羞辱，認為南子的「荒唐淫亂」造成喪權辱國的醜劇，決心幹掉她。但是謀殺的計畫被機靈的南子識破，蒯聵反而被迫流亡，最後也是投靠晉國的趙簡子，導致衛靈公死後，南子把國君的寶座改讓蒯聵的兒子擔任。

我們認為南子只是被儒家醜化成一個淫婦而已，因為史書所記載的南子，除了性觀念比較「後現代」之外，其實是一個非常美麗又聰明而且心腸還不錯的女人：太子蒯聵要置她於死地，但南子還是冊立蒯聵的兒子當國君；假使南子是一個像呂雉、武則天或慈禧那樣狠毒的女人，蒯聵的子子孫孫恐怕沒有半個能活下來。

南子與公子朝公開通姦的醜聞傳開之後，衛靈公和南子仍然一起乘坐馬車出巡，而擔任禮相的孔子，他的馬車自然尾隨在後頭。

一路上，平民百姓也不時地發出他們的嘲笑。平民百姓嘲諷封建統治階級還有一個原因：因為周禮孔仁喜歡「為尊者諱」，而「諱」就是為了塑造統治階級英明、神聖的「假」形象，所以不惜用說謊跟造假的手段去遮掩統治者的醜陋面，以免人民發現高高在上的統治階級不僅有著七情六慾，統治者竟然也會痾屎、放尿跟得痔瘡！

這些「痾屎、放尿跟得痔瘡」的事實，都會嚴重地傷害統治階級的「尊嚴」，讓人民產生「輕慢」統治者的心態，進而有了「彼可取而代之」的主體意識。所以儒家孔子才會透過「為尊者諱」的愚民手段，去壓抑人民的主體意識，把統治階級塑造成高大雄偉的神聖形象，然後灌輸（洗腦）平民百姓是庸俗、低下又卑賤的醜陋存在，因此儒家把平民稱之為賤人、小人。

只是儒家再怎麼為尊者「諱」，春色無邊的新聞四處飄，平民百姓逮住機會，當然要猛烈地嘲笑平時裝模作樣的統治者，以及時時刻刻裝得道貌岸然的儒家聖人。讓我們聽一聽百姓們如何嘲笑聖人。

「唉唷，那一位肉割不正就不吃、席位擺不正就不坐的正經八百孔夫子，怎麼會甘願追隨在那位舉世聞名的大淫婦之後呀？聖人的馬車應該擺在第一順位才對咩！」

有個傢伙還一語雙關地笑說：「淫婦的位置在聖人之上，這可有趣了！」

滿街嘲笑的聲音，讓孔子異常憤怒；忘了衛靈公是收容他的大恩人，孔子竟然痛罵衛靈公：「我從來沒看過好色如好德的人。」（註五十）

其實國君跟夫人同時乘坐第一輛馬車，然後把擔任禮相的孔子擺在第二或第三順位，這也不是什麼嚴重的事情，何需破口大罵？更何況至聖先師孔子好像忘了衛靈公收容他的恩惠，也忘了自己是無家可歸的流浪狗，更忘了他才剛剛伸手拿了衛靈公六萬斗的豢養費！

孔子的祖先是食人族?!他為什麼從周而不從商？

若說姬周王朝是一個非常荒唐又淫亂的時代，那麼子商王朝恐怕就是中國歷史上最兇狠、最殘忍又最野蠻的時代。根據二十世紀的考古證據顯示，商朝的統治階級除了把活生生的人當作雞鴨豬狗那樣宰殺去祭拜神明之外，甚至還有吃人的跡象！也難怪在子商與姬周之間要二選一的話，孔子只能說「吾從周」。

衛國的領土是子商王朝滅亡前的核心區域，縱使到了二十世紀都可以挖到商朝的遺跡，更何況是兩千五百年前的春秋時代。所以那時候的衛國很可能三不五時就掘出商朝的墳墓以及陪葬物品，而那些出土的商朝陪葬物可以嚇死現代人。

許多歷史老師都曾談到商朝把大量的活人當成祭神的犧牲跟殉葬品。活人犧牲就是把活生生的人像豬狗牛馬那樣剖腹、挖心、破腦，然後拿去祭祀神鬼。陪葬品就是先把人斬殺後，再把頭、身分開的屍體埋葬在貴族的墳穴裡跟鬼作伴。

但這都還不是最嚇人的事情。

很多挖掘出來的商朝古墓裡面，常常擺了幾十具斷頭枯骨，而且有好多顆人頭都放在蒸煮用的青銅鼎內。根據中國學者李哲的研究（註五一），子商王朝除了用活生生的人當犧牲之外，還有殺死敵人然後煮來吃的野蠻又殘忍的習慣。沒想到商紂王把周文王的長子剁成肉醬，然後逼迫周文王親自吃下去的故事，不是傳說而是真實發生過的悲劇。

因為孔子的祖先是宋國的貴族，而宋國的統治階級是殷商王朝的後裔（餘孽），所以孔子的祖先竟然是食人族！

這是很驚悚的事實，儒家中國的至聖先師竟然是食人族的子孫！

望著滿坑近百人的無頭屍體，可以想見兩千五百年前的衛國官員跟百姓應該會搖頭又破口大罵：

夭壽呀，商朝人不僅殺人獻祭，還把活人斬殺去蒸煮來吃！殷商朝代的人果然不得好死，竟然如此兇殘、野蠻！看，還有貴族幼童的陪葬品，全都是兩、三歲無頭小孩的枯骨！也難怪商朝滅亡，這種食人族真的應該趕盡殺絕！說的沒錯，絕對不能放過食人族的殷商餘孽！

其實衛國人民也是殷商遺族，只是經過數百年之後，他們已經忘了自己的祖先也是食人族。

消息傳到孔子那邊，聽到市井小民們在討論商朝遺跡裡又挖出恐怖的黑暗歷史，證明了孔子的老祖宗真的是食人族，身為殷商餘孽的孔子當然要趕緊使出儒家的看家伎倆：「切割」任何可能引火上身的事實，以免讓姬周王朝的統治階級與平民百姓對他產生強烈的排斥感。

於是孔子立即表態並且正色說：「始作俑者，其無後乎！」（註五二）

孔子不僅堅決反對用人形陶俑作為陪葬品，他還使出言語暴力詛咒創造陶俑陪葬的人，應該要慘遭絕子絕孫的報應。

為了徹底「切割」，孔子還不惜數典忘祖地對著學生們說：「若要在商周之間做個選擇的話，雖然我（孔子）是殷商子孫，而姬周是滅掉商朝的不共戴天之仇人，但我（孔子）絕對是贊成周朝的典章制度，吾從周也（註五三）。」

提出這些食人族的史蹟，是希望讀者們能了解子商王朝曾經有過的殘暴史實，往後若再有儒家衛道之徒說些什麼「人心不古」的話，可以請他們再多讀一些古代中國史：有著古人之心的商朝是中國歷史上最血腥、最野蠻又最殘暴的一頁；而深具古人之心的周朝卻是最荒亂、最淫蕩又最虛偽的一冊史蹟！

歷史上真正的孔子，就是在這樣的時代背景下所煉成的。

或許是因孔子身上食人族的基因作祟，所以由孔子發展出來的儒家思想，兩千多年下來就是擺脫不了吃人禮教的陰影！

註一：耶穌紀元前五二二年。

註二：《左傳》魯襄侯三十一年記載國僑反對拆掉鄉校的言論：「人議執政之善否，其所善者，吾則行之；其所惡者，吾則改之，是吾師也，若之何毀之？我聞忠善以損怨，不聞作威以防怨，豈不遽止？然猶防川，大決所犯，傷人必多，吾不克救也。不如小決使道，不如吾聞而藥之也。」

註三：頒布內容記載於《左傳》魯僖侯二十七年。

註四：原來春秋時代的中國跟現代日本一樣，縣比郡還大。

註五：十萬畝是多大的面積？假使春秋時代一畝的面積跟漢朝的一畝相同，那麼一畝就是四百六十平方公尺（大約一百四十坪）。十萬畝等於一千四百萬坪，大約是四千六百公頃（四十六平方公里），約略等於一個高雄市岡山區或是兩個新北市板橋區的面積。

註六：《論語》〈公冶長〉第二十五章。

註七：孔子最有名的愚民教育：民可使由之，不可使知之。

註八：根據孔子師生的談話內容，應該是所有人都還沒有當官之前所做的一次討論；因為若是流亡諸國的時候，季由、冉求、孔子都已經擔任過官員或是家宰了，跟談話內容就不太相符。但若是把對話放在孔子執政之前，公西赤的年紀又兜不起來。《史記》說公西赤比孔子還年輕四十二歲，等於這時只有八歲，所以錢穆經過考證之後，認為公西赤應該只比孔子小三十二歲，這時大約十八歲（請參考錢穆的《孔子傳》，頁三二）。

註九：請參考程樹德的《論語集釋》，第二版第三冊，頁一〇五三；第四冊，頁一八一九（北京中華書局，二〇一四年五月）；有關張履祥寫在《備忘錄》的觀點，還可以參考李零的《喪家狗》

修訂版，頁二二〇—二二一（山西人民出版社，二〇〇七年五月），李零也有非常不錯的見解。

註十：這是《論語》〈陽貨〉第五章的故事。

註十一：依據《左傳》魯定侯十年紀事，齊國大臣犁彌評論孔子無膽。

註十二：儒家與喪葬業者的密切關聯性，請參考儒家正統經典《禮記》，超過一半的內容都跟喪禮有關，《禮記》簡直就是一本古代喪葬禮儀的教科書。孔子當官之前還特地跑到數百里之外去觀摩吳國王子季札埋葬他兒子的喪禮（《禮記》〈檀弓下〉第六十則）；還有相傳孔子到洛陽拜見老子，兩人相談的內容，也是超過一半都在研究喪禮的細節。

註十三：耶穌紀元前五〇一年，請參考《左傳》魯定侯九年的紀事。

註十四：請參考孔子滿三十八歲的事蹟（紀元前五一三年），他反對晉國的趙簡子把刑法規範鑄造在鐵刑鼎。

註十五：後來孔子指控少正卯這種行為叫做「順非而澤」，作為孔子謀殺少正卯的理由之一。

註十六：這也成為孔子指控少正卯的罪名「居處足以撮徒成黨（或作聚徒成群）」。

註十七：後來孔子指控少正卯這種行為叫做「心逆（達）而險」。

註十八：請參考《哲人孔子傳》，頁一九九—二〇二，許仁圖，河洛出版社。

註十九：後來孔子指控少正卯這種行為叫做「行僻而堅」。

註廿：後來孔子指控少正卯是「小人之桀雄」，因為小人是平民百姓的意思，統治階級則是大人。

註廿一：請參考《周禮譯注》，頁二〇六一二五三，許嘉璐注譯，（台灣）建安出版社，二〇〇二年二月。

註廿二：請參考《論語新解》，頁五四六，錢穆，東大圖書，二〇一八年六月，四版一刷。

註廿三：有一本專論孔子謀殺少正卯的書，《關於孔子殺少正卯問題》，是由中國學者趙紀彬在文化大革命期間所寫成的（一九七四年七月）。他將孔子謀殺少正卯的五大子虛烏有罪名，很詳盡地逐一分析、解說。趙紀彬認為少正卯是主張法治並擁有廣大平民百姓支持的人，但孔子卻是一個強烈支持禮制的保守分子，在孔子堅決反對法治的意識形態下，主張法治的少正卯成了儒家中國歷史上，為了貫徹儒家意識形態的第一個政治受難犧牲者。我個人覺得趙紀彬所提出的一些觀點，頗具參考價值。

註廿四：請參考《關於孔子殺少正卯問題》，頁九三。

註廿五：甚至是當代的儒家知識分子，依然大力贊同統治階級應該效法「孔子為政先正名，誅少正卯，將『不是人』的殺掉」！請參考《毓老師說論語》修訂版，頁二九七，愛新覺羅・毓鋆，（中國）花山文藝出版社。可見得在儒家分子的眼裡，統治階級的「政敵」根本「不是人」，當然可以不經調查、不需審判、不給辯護就將之斬殺屠滅。在教育系統內負責教育人民倫理道德的儒家知識分子，一旦掌握生殺大權之後，竟然會把政敵視為「不是人」?!兩千五百年前的孔子如此，兩千年前的王莽也是如此，到了二十世紀的大儒還是如此。

註廿六：請參考Peter Stein,《*Roman Law in European History*》, pp.3-4, Cambridge University Press, 1999.

註廿七：羅馬共和的政治制度演進史以及羅馬與春秋戰國的比較，將在敝人另一拙著《極端唯我論：儒家思想的本質》加以詳析。

註廿八：請參考《漢書》，第七冊，頁二二五二，（北京）中華書局，二〇一〇年十一月第十五次印刷。

註廿九：另外有一個關於孔子與少正卯之間私人恩怨的記載，可以從個人動機的角度來說明這場聖人謀殺政敵的原因，那就是後劉漢皇朝的王充所寫的《論衡》〈講瑞〉。王充提到「少正卯在魯與孔子並。孔子之門三盈三虛」。換言之，少正卯和孔子一樣，在魯國也開課授業，但他三次把孔子門下的學生全部吸引過去！

依據王充這篇記載，除了政治觀點不同導致孔子痛下毒手剷除少正卯這個潛在敵人之外，很可能是因孔子忌妒少正卯有著超越他的才能並奪走他學生的私人恩怨。或許這才能解釋為何孔子的學生多達三千人，但追隨在他身邊的往往只有十幾人，至多幾十人而已。但王充這篇記載涉及個人私德方面的爭議，不是政治立場或道德價值觀等大是大非的議題，所以不多加著墨。有興趣再多了解孔子與少正卯之間私人恩怨的讀者，可以參考《論衡》〈講瑞〉的內容。

註卅：請再次參考《左傳》紀元前五二二年（魯昭侯二十年）紀事。

註卅一：一位當律師的朋友特別提醒我要把原告兩個字括弧起來，因為這故事是人類文明史上最早記載未經審判，就先把「原告」抓起來關的明文紀錄。

註卅二：《論語》〈顏淵〉第十三章。

註卅三：《新譯四書讀本》，序，謝冰瑩等，三民書局。

註卅四：魏得勝這兩句話，請參考《都是孔子惹的禍？》，頁四二、頁五五，（台灣）秀威資訊科技出版。這本書的原本書名是《歷史的點與線》，但在共產中國卻被政府查封不准再上市。

註卅五：這兩張圖在網路上很流行，只要鍵入「桑林漢磚」去尋找圖片，就跳出一大堆，請自行參考。

註卅六：周禮封建制度的最低階級貴族是「士」，但春秋戰國時代的「士」其實就是所謂的武士，因為「士」必須精熟射箭、駕馭戰車等等作戰技能。孔子父親（孔紇）是魯國的「士」，而他在歷史上的兩個紀錄都是跟打仗有關，更證明了春秋戰國時代的「士」就是武士。

孔紇的兩個史蹟：一個是他大力扛起敵人城內的柵門，好讓友軍安全地退出以免被殲滅；另一件事乃是孔紇率領精銳部隊，在深夜護送魯國貴族逃出一座被敵人圍攻的城池。

註卅七：西漢皇朝的江都王劉建。

註卅八：春秋時代的晉國大夫祁勝和鄔臧，還有齊國大夫慶封跟他的部屬。

註卅九：齊襄公和他妹妹，還有魯國季孫康子的妹妹跟叔叔。

註四十：春秋時代的蔡景侯偷媳婦；楚平王搶了太子未婚妻作為自己妻子。

註四一：春秋時代的魯莊侯正妻跟他的弟弟通姦。

註四二：春秋時代衛莊公的姊姊。

註四三：請參閱《左傳》紀元前六〇〇年、前五九九年、前五九八年、前五八九年的記載。

註四四：依據《左傳》的記載，因為魯國的爵位是侯爵，所以在這本書中都將魯國國君「正名」為「侯」，不再採用孔子僭越周禮的做法，逕而妄自尊大地稱呼魯君為「公」。

註四五：就算是由正妻的嫡長子坐穩太子寶座，其他兒子還是會用暴力手段奪權。鼎鼎大名的唐太宗李世民是排位第二的兒子，他就不惜親手拉弓射死同胞大哥（李建成），然後奪位成功。

註四六：請參考《希臘人的故事》第三冊，頁一二九，塩野七生，五南圖書出版，二〇一九年六月。

註四七：請參考《左傳》紀元前五二八年、魯昭侯十四年的記事。

註四八：耶穌紀元前四九七年，魯定侯十三年。

註四九：原文是：既定爾婁豬，盍歸吾艾豭？

註五十：《論語》〈子罕〉第十八章。

註五一：請參考《孔子的大歷史》，簡體中文版，頁三五八—三八九，李碩，（中國）上海人民出版社，二〇一九年。

註五二：《孟子》〈梁惠王上〉。

註五三：《論語》〈八佾〉第十四章。

第二單元

實踐儒家思想與軍事暴力的關聯性

第一個史蹟

墮三都——孔子引爆內戰

接下來，就讓我們再次用寫故事的筆法去挖掘幾個真實的歷史記載，藉以了解儒家思想與軍事暴力的內在關聯性。

依據儒家正統經典《公羊傳》（註一）的記載，有鑑於三桓家臣侯犯占據郈邑而反叛叔孫氏，另一個三桓家臣公山弗擾也占據費邑而反叛季孫氏，孔子便藉機高舉「家不藏甲，邑無百雉之城」的周禮規範，建議三桓要拆毀不符周禮的三桓堡壘，以免家臣們再占據這些城池作為反叛三桓的大本營，這就是儒家歷史上有名的「墮三都」事件。

但是這樣的事情到底有多重要？

現代大儒錢穆主張孔子「墮三都」不僅僅是為了魯國著想，乃是「為中國、為全人類」（註二）著想的宏偉事業！所以讓我們來了解這麼宏偉的事業，至聖先師孔子是怎麼個搞法。

三桓家族因這十幾年來飽受家臣叛變之苦，立即接納孔子的建議，同意隳毀他們根據地的堡壘。

在儒家書籍裡，魯定侯雖被醜化成是個好色又無能的昏君，但正史裡的魯定侯曾多次御駕親征，是個勇武的君主。他應也理解到拆毀三桓的堡壘不僅可讓家臣們無法反抗世卿，更能讓世卿們沒有根據地再反叛國君，所以用了國君名義掛保證支持隳三都。

策略決定之後，要拆除叔孫氏的郈邑較為簡單，因為當初占據郈邑的叛臣侯犯早被趕跑。解決郈邑之後，接下來要拆除季孫氏的費邑之前，必須先解決一個難題後才有辦法拆除，因為季孫氏的叛臣公山弗擾仍然占據著費邑，所以魯君、三桓跟孔子得先想辦法除掉公山才行。

俗話說「物以類聚」，公山弗擾不愧是跟勇猛陽虎同一黨的人，他得知三桓要剝奪他的據點，不僅沒有消極地坐以待斃，反而率先積極主動地出擊，率領費邑兵馬和人民先偷襲魯國首都（費邑到曲阜大約一百公里）。

公山弗擾的反撲十分猛烈，殺得魯定侯、三桓與孔子師生措手不及，只能趕緊逃到季孫氏居住府第裡的高台，作為最後防守的據點。

當公山弗擾的兵卒已快攻打到魯定侯的躲避之處，孔子趕緊命令兩名武將（申句須以及樂頎）率兵衝下高台打退公山弗擾的兵卒，解除魯定侯的危險。幾陣鏖戰之後，費邑士兵體力不支開始敗退，支持三桓的魯國人民追擊敗兵，在姑蔑之地打垮費邑反抗軍，公山弗擾和他剩餘的同黨只能逃亡到齊國，最後是到吳國去投奔吳王夫差。

陽虎的同黨（公山弗擾）能率領費邑的軍民，跟他奔襲一百公里去攻擊魯定侯與三桓，可見公山弗擾頗得費邑百姓的民心，否則誰願意冒著生命危險跟他上戰場。這也間接證明了陽虎是掌握了三桓的軍權才敢發動政變，所以陽虎失敗後季孫桓子也無能奪回公山弗擾占據的費邑。

平定公山弗擾的反抗之後，孔子師生趕緊趁機拆毀費邑的城牆，完成墮三都的第二步驟。

當孔子站在高台望著兵敗而逃的公山弗擾，不知他的內心是否升起對大弟子季由（子路）的感激之情，因為公山弗擾起兵之前曾經召喚孔子一起反抗季孫氏，當時的至聖先師非常心動而想立即投奔。

若非季由（子路）再三嚴厲地阻止才作罷，至聖先師這時只能淪落成公山弗擾陣營裡拚命敗逃的一員，中國的歷史就只會有叛臣「賊丘」，絕不可能出現至聖先師孔丘了。

提到孔子打算投奔叛臣公山弗擾以及應召賊子佛肸的史蹟（《論語》〈陽貨〉第五章與第七章），讓我們想到連這麼小咖人物的邀請，都能讓孔子心動不已，若是大一統帝王（秦始皇或漢武帝）的召喚，孔子有可能拒絕應召嗎？深信孔子那時必定會迫不及待地應召秦皇漢武，就算季由（子路）再三用原子彈加以嚇阻，都無法攔住孔子飛奔到大一統帝王面前磕頭跪拜！我們不懂，歷代儒家怎麼有臉去斥責投奔秦始皇的李斯，以及痛罵應召漢武帝的董仲舒？

話說孔子拆毀季孫氏的費邑之後，最後一個目標就是孟孫氏的郕邑（中國山東省寧陽縣）。孟孫氏的勢力是三桓裡最弱的一支，何況孟孫氏的當家之主孟孫懿子以及他的弟弟南宮敬叔都曾當過孔子的學生。

既然最艱難的費邑都解決了，只剩下最弱的郕邑還沒剷除，相信孔子跟他的學生們已經開始喝香檳、切蛋糕慶祝了，至聖先師搞不好還撂下一句英文：郕邑就是piece of cake！

號稱萬能又具備高深智慧的孔子，完全沒想到隳三都進行到最後的階段，孟孫家族雖然是三桓裡最弱的一族，但導致陽虎政變失敗的主角，那位智勇雙全的名將，公歛處父，就是幫孟孫氏鎮守郕邑的人。

既然說他智勇雙全，公歛處父自然沒讓世人失望。當魯國貴族們都認為拆毀各個世卿根據地的城牆，必將減少家臣們反叛的可能性，但公歛處父卻看到更深的層次。

拆毀三桓根據地的城牆，固然讓家臣們喪失反叛世卿的大本營，但是三桓萬一有了危險，還能到哪裡去躲避？同樣道理，郕邑城牆若被拆毀，孟孫家族還有什麼地方可以去避難？

況且郕邑除了是孟孫氏的根據地之外，還是魯國抵擋齊國侵掠的北方要塞，若郕邑喪失防衛能力，齊國的入侵勢力將可直達魯國首都的北門。

公斂處父把這兩個理由說給孟孫懿子聽，點醒了他沒看到隳三都的潛在風險，當下同意公斂處父的高明見解，不再自毀長城地拆掉郕邑城牆。

歷代儒家都宣稱孔子的智慧過人又無所不能，但至聖先師對於公斂處父的反抗竟然完全束手無策，沒有辦法解決公斂處父的抵抗，導致歷代儒家極度渲染的隳三都事件，只能擱置而無法再有任何進展，在孔子沒有什麼實務經驗的人生裡，又添加了一筆中途放棄、半途而廢的失敗紀錄！

如同前述，現代大儒錢穆說過孔子隳三都不僅僅是為了魯國著想，乃是「為中國、為全人類」著想的宏偉事業。既然是這麼重要的大事，為何孔子無法堅持到底，也想不出解決困境的辦法？

魯定侯和三桓平定公山弗擾的反抗後，魯定侯為了遵守夾谷盟會的附庸國責任，在十月趕到黃地拜見齊景公。齊魯之會結束，魯定侯回國時，發現孔子還沒有完成隳三都的事，最後拖到十二月份了，孔子依然沒辦法完成這一件「為魯國、為中國、為全人類」著想的宏偉事業！

不同於儒家書籍醜化魯定侯是個好色、無能的昏君，真實歷史裡的魯定侯不愧是曾經多次御駕親征的君主，看到孔子這種絲毫沒有實踐能力的豬隊友兼廢物，魯定侯只好再次御駕親征，率領軍隊包圍郕邑去實踐孔子無能為力做到的「孔子之道」，這也讓整個魯國陷入「君主對三桓」的內戰狀態。

實踐「孔子之道」的墮三都，最後竟然引爆魯國的內戰，讓所有人都嚇了一跳，原來推行儒家思想的結果竟然會帶來血腥的軍事暴力衝突！

墮三都證明孔子為了貫徹自己幻想中的周禮制度，不僅無能以和平方式化解衝突，反而因此導致魯國的內戰。

兩千年來，歷代儒家大力推崇孔子之道可以修身、養性、齊家、治國、平天下，但是真正將孔子之道付諸實踐之後，竟然引爆內戰！

內戰沒有擴大的原因，乃是魯定侯本身的實力過小，無法堅持戰爭到底，而且三桓有著阿斗劉禪的個性，雖然昏庸但為人溫和，所以沒有對魯定侯以及孔子追殺到底。

這是兩千年來歷代儒家都不敢去面對的事實：縱使是忠實地恭行儒家思想，仍會讓這世界充滿血腥暴力。這跟其他宗教或思想不同，其他思想（墨家主義）或宗教，是因為信眾們違背教義才導致戰爭；但是信奉儒家思想的人，就算完全遵照「孔子之道」去實踐，結果仍會爆發戰爭！

這也讓我們想到一個可怕的局面：若是至聖先師當時握有絕對性的武力優勢，必然發動軍事暴力去消滅孟孫家族跟公歛處父。

任何人若還不相信孔子會做這種事，沒關係，至聖先師絕對會讓您失望的，後面還有一個故事（孔子教唆魯哀侯去侵掠齊國）更能讓我們看清楚這一個可怕的局勢是否真的會發生。

聖人的陰謀詭計與挑撥離間——魯君與三桓為何不再信任孔子？

我們的鏡頭再轉回正在包圍郕邑的魯定侯，只見他甘冒槍林箭雨的危險，親自站到最前線指揮親兵們如何包圍以及怎樣攻擊公歛處父防守的薄弱之處，企圖一舉打下郕邑。魯定侯雖然御駕親征，但親兵人數不多，無法拿下易守難攻的郕邑，在十二月寒冬的天氣裡，包圍了幾天之後，只能黯然撤兵。

魯國的軍隊和稅收都掌握在三桓家族的手中，特別是孟孫懿子領悟墮三都的潛在風險之後，暗通季孫氏與叔孫氏按兵不動，所以魯定侯固然英勇也乏力回天。

孔子是主導墮三都的始作俑者，縱使無能解決公斂處父的抵抗，至少在魯定侯御駕親征郕邑之時，孔子也應現身追隨魯定侯吧？但所有的儒家經典以及歷史的記載，都看不見孔子的任何蹤影。

儒家的《穀梁傳》形容孔子在夾谷盟會斬殺侏儒的「英勇」事蹟，而墮三都那一年的夏天，因公山弗擾反攻並打進魯國首都，《左傳》上還看得到孔子指揮兩名將領協助魯定侯脫困，孔子絕非是個不動用武力之人。

而今魯定侯御駕親征三桓的最後一個據點，但孔子人呢？

哈囉，孔大聖人，您躲哪去了？至聖先師，你怎能在最後緊要關頭拋棄國君，自個兒躲起來不見人影呢？

墮三都事件被歷代儒家讚捧為可以力挽狂瀾、匡正破壞周禮之歪風的宏偉壯舉，但孔子卻把這件「為魯國、為中國、為世界」的大事，只做了一半就不知躲到哪裡。這似乎也證明了孔子那種凡事一遇挫折就中途放棄、半途而廢，然後做什麼都會失敗的實踐能力。

魯定侯撤兵回宮之後，向身邊的大臣們表示無比的憤怒，當初孔子極力唆使他要墮三都，為什麼最後卻不見人影？

魯定侯破口大罵，「孔丘，最需要你的時候，你躲在哪裡？如此不可信賴的儒家，豈能指望孔門師生去恢復君權的周禮制度。我姬宋（魯定侯的姓名）真是贛愚蠢呆，才會誤信孔丘這個無恥的大騙子，竟然在緊要關頭，為了保留跟三桓相處的後路而不敢追隨我攻打郕邑，這不是出賣我嗎？孔丘根本就是高個頭的孬種！」

魯定侯臭罵孔子之後，突然想到一事，滿臉堆起憂愁。大臣們見狀甚為不解，何需為孔子那種臨事而懼的跳樑小丑而煩愁。

魯定侯解釋道：「孔丘的為人如此卑劣，豈有資格讓我為他再動情緒上的起伏。我擔憂的是因我們誤信孔丘的挑撥離間，出兵攻打郕邑，這等於是嚴重地得罪了勢大財粗的三桓，未來如何跟三桓相處，那才是令我擔憂之處。」

在此同時，三桓家族的三大巨頭也聚集在季孫桓子的豪宅裡商議，因為對三桓而言，墮三都這個「準政變」總算以孔子失敗為結局，但三桓家族因誤信孔子的陰謀詭計，導致三桓和魯君處於對戰狀態的僵局，三桓又該如何打破這個尷尬的形勢？

魯定侯雖想削弱三桓，但他卻是無錢又無權的國君。原本魯定侯也沒那麼大的膽量敢跟三桓作對，若沒有孔子從中挑撥離間又再三教唆的話，魯定侯豈敢動三桓一根寒毛？

所以三桓認為墮三都的始作俑者是孔子，因此不需跟魯定侯決裂，但他們一時之間也不想低聲下氣先去招呼魯定侯。

在魯定侯和三桓的眼裡，孔子鼓吹的墮三都就是一個挑撥離間魯國君臣的陰謀詭計，結果造成魯君與三桓的嚴重隔閡，無法化開這個心結。

但沒多久，宗主國齊景公為了犒賞跟籠絡魯定侯遵守附庸國的義務（接受喪權辱國的夾谷盟約，又親自到黃地拜見宗主國的國君），餽贈了極為豐厚的禮物，這禮物竟意外地化解了魯國君臣之間被孔子所挑起的仇恨。

原來齊景公為了鞏固齊魯同盟，進而壯大他對抗晉國的力量，特地挑選國內八十名能歌善舞的美少女，編組成嬌豔動人的歌舞團送給魯國。除此之外，齊景公額外贈送三十輛彩紋裝飾的馬車，每輛豪華馬車都用四匹駿馬去拉。

當美少女歌舞團和三十輛華麗馬車雙雙抵達魯國首都南邊的高門，全國百姓轟動，因為窮鄉僻壤的魯國，就算舉國上下加起來都找不出十個像這樣的美少女，而齊國竟然一下子送來八十個。

得到消息的季孫桓子趕緊打扮成平民，擠在人群堆裡望著美少女們發癡，頓時從全國最高執政者變成一個醜陋的怪大叔！

隨從們怕季孫桓子被人認出，就拉他回府以免丟臉，但他還是忍不住誘惑，竟然自己再偷偷跑去觀賞美少女的表演，如此往返三次。後來季孫桓子心生一計，派人恭請魯定侯一起來觀賞這個嬌豔動人的歌舞團，藉以化解三桓跟魯君的心結。

魯定侯看到季孫桓子願意放下君臣之間的隔閡，當然立即赴約。沒想到魯定侯這個曾經御駕親征三次的君主，果然英雄難過美人關，一看到美少女們就樂歪、爽昏了，一直待到天晚了都不肯回宮。

從此以後，魯定侯和三桓的三大巨頭，天天沉溺在他們那個時代的乃木坂46以及Twice等級的美少女歌舞團的表演，根本就忘了孔子的存在。

到了祭拜上帝（郊祀）的那一天，還是官員們進宮再三促請魯定侯，才讓他想起來這個最重要的祭典。但他也同時記起了孔子唆使自己去削弱三桓的陰謀，於是魯定侯特別下令，祭拜上帝的膰肉，不准分給孔子。

不把祭祀的冷豬肉（膰肉）分給孔子，這又代表什麼意思？沒有冷豬肉還可以吃烤牛肉，不是嗎？

原來魯定侯的命令就等於是暗示孔子已經被排除在統治階級之外了！因為只有具備官位的人才有資格拿到冷豬肉，沒分到冷豬肉的人就是統治階級眼裡的賤人跟小人，也就是沒有官職的平民百姓。

沒想到孔子就這樣從聖人變成賤人了！

孔子師生當然知道這種暗示的嚴重性，所謂「刑不上大夫、禮不下庶人」，既然孔子不被魯定侯與三桓視為統治階級的大夫，接下來就只能做一個任由統治階級刑罰跟宰殺的庶民賤人了。

沒想到孔子不惜自甘墮落地充當三桓的殺手去謀害少正卯，更不惜為了三桓而對百姓們用猛使民殘，結果就像一條遮羞布，任由三桓用後就隨意拋棄！不過孔子能說什麼呢？孔子手中的一切權柄跟榮華富貴都是三桓所恩賜，他也只好暗自吞下這種羞辱了。

按照孔子自己的說法，他決定離開自己的祖國，展開流亡諸國的喪家犬（流浪狗）生涯。

三桓跟魯定侯一開始對孔子言聽計從，但最後卻對孔子不理不睬而任由他流亡外國，魯定侯、三桓跟孔子，為何從君臣肝膽相照變成君臣肝膽俱裂？到底什麼才是讓孔子逃離魯國的真正原因？

因為「墮三都事件」乃是孔子一生最大的政治實務經驗，因此整件事情不得不成為研判孔子實踐能力以及人格品德的重要依據。

針對魯國當政者不再理會孔子的原因，歷代儒家的講法是說，魯國在孔子執政的三年內迅速強大，齊國感到恐懼，便施展美人計分化魯君、三桓跟孔子。儒家宣稱魯國當政者誤中齊國的美色離間計，所以魯定侯跟三桓荒廢政務不再理睬孔子，害得至聖先師只好失望地離開。

但這種說法完全經不起任何稍動大腦的推敲，因為真實歷史裡的孔子，在他當上大司寇的兩三年內完全沒有做出任何富國強軍的政績，畢竟大司寇是掌管刑殺人民的官，不是負責民生的大司徒或是主管戰爭的大司馬。在真實歷史裡，魯國又何來的逐漸強盛？

歷史的癥結疑點，在於魯定侯和季孫桓子若能持續地信任孔子師生的話，當齊國餽贈美少女歌舞團以及豪華馬車之時，魯定侯和三桓剛好樂得把政務交由孔子去煩心，讓自己沉溺在醉生夢死的日子裡。

齊桓公跟管仲還有齊景公和晏子，不正是國君把政權交給值得信賴的大臣，然後自己每天過著聲色犬馬之逍遙生活的最佳例子？

司馬遷的《史記》跟歷代儒家如何去解釋下面的可能性：若當時的魯定侯跟三桓仍然非常信任孔子，萬一魯定侯和季孫桓子效法齊桓公和齊景公，把政權完全交給孔子師生，然後自己縱情享樂齊國送來的香車美人，這不僅無法離間魯國當權者和孔子的關係，反而會收到更嚴重的反效果：讓孔子師生掌握全國的政權！

為什麼魯定侯與三桓在墮三都之前對孔子言聽計從，但墮三都之後卻對孔子不理不睬？這個肇因才是深值我們去探究的歷史真相，而且只有歷史的真相才能透露出孔子真正的人格與品德，也唯有如此我們才能穿破造神運動的雲霧，確實得知儒家文化的致命缺陷。

我們可以從兩個面向來分析這個疑點。先看魯定侯這一邊為何棄絕孔子，然後再看三桓為何也把至聖先師當成空氣。

墮三都的尾聲就是孔子得知公斂處父不僅拒絕拆毀郕邑，還敢反抗魯定侯的軍事攻擊，而且季孫氏與叔孫氏雙雙拒絕協助魯定侯。

在那種情況之下，孔子卻不敢堅決地追隨魯定侯圍攻孟孫氏的根據地，我們大膽地推測，孔子那時的謀略很可能就是決定出賣魯定侯！

我們得回溯魯定侯為什麼能當國君的歷史，才能夠了解孔子的計謀。

魯定侯的哥哥（魯昭侯）反抗三桓失敗，導致他流亡國外，到死的時候都無法返回魯國。而三桓也因他們跟魯昭侯之間的仇恨，所以不准昭侯的兒子即位（以免遭到報復），反而改立身為弟弟的魯定侯。

魯定侯是在這種情形之下登基，所以在一開始的時候，他根本不敢和三桓對抗。但是孔子再三教唆魯定侯應藉著墮三都去削弱三桓，等到魯定侯接受墮三都，但執行時遇到三桓的嚴重阻力，孔子不僅無能解決困難，竟然連魯定侯親自出馬之時，還站在後面袖手旁觀。

孔子沒有追隨魯定侯的可能性，應該是孔子企圖保留一條繼續跟三桓相處的後路，因為只要躲在後面不上戰場，孔子就可以跟三桓解釋：直接跟三桓對幹而撕破臉的人是魯定侯，不是我孔子。

魯定侯不是笨蛋，當然察覺孔子不僅無能又臨事而懼，竟然還敢為了保留自己的後路，而不惜出賣上司！

至聖先師有如此見不得人的動機，魯定侯豈能不感到憤恨?!

當魯定侯醒悟孔子不僅是利用他，更不惜出賣他的時候，還需要齊國人送美少女去離間他和孔子之間的關係嗎？

從三桓家族的立場來看，整個墮三都就是孔子的陰謀詭計：先以半騙半哄的方式麻痺三桓，藉著剷除三桓的叛逆家臣為理由去墮三都。等到墮三都成功之後就達成削弱三桓家族實力的第一步，屆時就可再展開下一步剝奪三桓權勢的措施。

孔子的權力來自三桓的恩賜，若沒有三桓的批准，孔子連小小的中都宰都當不成，但孔子竟敢反咬他們！

從三桓的角度來看，當他們了解孔子施展如此忘恩負義的陰謀之後，怎麼有可能笨到繼續接納孔子這一個不忠不義的反覆小人，那時還需要齊國人送美少女去離間他們和孔子之間的關係嗎？

這一種可能性最能解釋為何魯定侯出兵包圍郕邑失敗之後，他馬上變臉去討好三桓，然後君臣一起享受齊國送來的美少女歌舞團以及華麗的馬車，好像墮三都從來都沒發生過。因為魯定侯察覺他被孔子利用之後，當然拒絕再當一個被儒家利用的白癡君主，絕對不可能再為了孔子去得罪自己的權臣。

而三桓也發覺被孔子利用了，差點破壞他們跟魯定侯之間的君臣關係，自然不肯再理會孔子。齊國的美少女歌舞團提供了一個寶貴的機會，讓三桓與魯定侯修補因墮三都事件所造成的君臣反目關係。

面對這樣的質疑，孔子當然啞口莫辯，只得承認他在魯定侯跟三桓面前，還真的是豬八戒照鏡子，裡外不是人！

中國歷史上有一個跟孔子墮三都很像的史蹟，就是一位大臣引爆內戰又出賣皇帝的悲慘紀錄。

那位大臣教唆皇帝去剷除權勢強大的地方諸侯，結果挑起內戰。大臣捅出戰火之後，不僅不敢親自帶兵處理他惹出的戰禍，反而建議皇帝親自到最前線，然後他卻留守在安穩又無戰禍的後方。

原本對大臣言聽計從的皇帝，一聽到那位大臣如此自私自利的建議，不僅大感錯愕，並且產生一股被出賣的憤怒，果然找機會把大臣腰斬！

這位皇帝就是漢景帝，而那位大臣就是精通儒家經典（尚書）並且引爆七國之亂的鼂錯（晁錯）。

相較之下，魯定侯跟三桓真的很仁慈，否則孔子早被腰斬了！

第二個史蹟

冉求的軍事戰功才是孔子能夠返回魯國的主因

冉求崛起：稷曲之戰

孔子流亡諸國後期，吳國的勢力逐漸發展到魯國的邊境，甚至強迫魯國成為吳國的附庸，導致三桓向孔子要了幾名才幹較好的學生，回到魯國去幫三桓處理吳魯兩國之間的衝突，號稱多才多藝的冉求就跟著孔子的商人學生端木賜一起返回魯國。

不過已淪落為附庸的魯國，縱使有孔門子弟的協助，還是得當新宗主吳國的炮灰，在耶穌紀元前四八五年追隨吳王夫差攻打齊國。隔一年，為了報復魯國追隨吳王夫差攻打齊國的鄎地，齊國貴族國書以及高無丕率軍討伐魯國，軍隊勢如破竹地攻打到清地（魯國首都附近）。

季孫康子非常擔心齊國兇猛的復仇之軍，趕緊詢問擔任家臣的冉求，應該如何應對齊國的大軍。

冉求沒有像孔子那樣拿了六萬斗俸祿，卻跟主子說我沒學過軍事技能，然後還厚顏無恥地繼續領取高薪（註三）。當季孫康子提出諮詢的難題，胸有成竹的冉求馬上建議一個策略：讓季孫家族留守魯國，其餘兩家跟隨魯哀侯一起出兵到邊境跟齊國決一死戰。但康子拒絕這個策略，因為他叫不動叔孫與孟孫同上戰場去送死。

足智多謀的冉求立即再建議：不然就退一步，其他兩家和魯哀侯在國境內抵抗齊國軍隊。季孫康子去詢問叔孫跟孟孫，他們都反對這個做法。

凡事有萬全準備的冉求，只好再提出更退一步的建議：既然叔孫跟孟孫兩家都沒膽又無能保家衛國，季孫康子就必須親自率軍背城一戰，因為魯國的實權全都掌握在季孫家族手中，若季孫氏的當家之主不能在國難來臨時，擔負重責大任去打退外國的侵掠，必會嚴重地動搖季孫氏在魯國的權勢地位，也會導致其他國家看不起魯國。

冉求還揭露一個重要的軍事情報：齊國部隊的人數不多，光是季孫康子一家的私兵就超過他們的人數，所以不需怕齊國的攻擊。尚未開戰，冉求如何得知齊國軍隊的人數？是他安插情報人員在齊國軍隊裡？或是齊國有叛徒偷偷將情報給冉求？若是齊國有叛徒的話，那是誰把情報給他？

依據《左傳》魯哀侯十五年的紀事，齊國大臣陳瓘認識季由（子路），而陳瓘也參加了這一次的稷曲之戰。很有可能是陳氏家族希望齊國的其他貴族戰敗，進而打擊這些貴族在國內的聲望，好讓陳氏異軍突起，所以陳瓘才暗中洩漏齊國軍隊的人數給孔門子弟冉求。

針對冉求所提出的最後策略，季孫康子想再詢問其他兩家的意見。康子上朝廷之時，因冉求僅是家臣而不是正式的官員，沒有資格進宮晉見魯哀侯，只能在外面等候。

當叔孫武叔抵達宮門，便問冉求有什麼打敗齊國的應對之策，冉求回答：「打仗應是擔任大臣的君子所策劃，我冉求只是一個平民出身的小人物，怎麼會知道？」

冉求的言下之意就是在嘲諷叔孫武叔，明明就是世襲魯國大司馬的軍事貴族，竟然反過來請問平民百姓應該如何打仗？

孟孫懿子看到冉求出言不遜，想到幾年前孔子擔任大司寇的時候，連孔子都還得向孟孫、叔孫下拜，時時展現出一副誠惶誠恐的畏大人模樣，冉求只不過是孔子的學生，竟敢語出諷刺！

孟孫懿子仗勢孟孫家族是孔子跟他父親孔紇的老長官，強逼冉求說出如何抵抗齊國侵掠的作戰計畫。

但是冉求早已不是那個靦腆、怕羞又保守的年輕人，一聽孟孫懿子竟敢帶著強迫的語氣逼他，當下便衝口而出更加羞辱孟孫跟叔孫的話：「我冉求只是平民階級的小人物，所以我們老百姓的做法都是先考慮對方的聰明才智之後，才決定是否向對方透露訊息；平民們也都是先衡量對方的能力，才決定是否一起共事。」（註四）

孟孫懿子本想再發作，但叔孫武叔聽出冉求的嘲諷，覺得平民百姓出身的冉求是在恥笑叔孫、孟孫二人不是大丈夫男子漢，因為他們兩人雖然身為高級貴族，卻沒有統治階級應該有的智慧跟魄力。

所以叔孫就按下孟孫，因為齊國攻打魯國之事，讓整個三桓都慌張失措也不知如何應付，但冉求卻反而老神在在的樣子，不如先進宮聽聽季孫康子如何呈報魯哀侯。

在宮廷內的討論，可能是孟孫跟叔孫已經過冉求用極難堪的羞辱激將法，所以三桓決定採用冉求的策略。叔孫氏與孟孫氏總算決定一起和季孫家族出兵反擊齊國，但他們的軍事行動依然很慢，比冉求還慢了五天才抵達戰場，在魯國首都南門郊外，一處被稱為「稷曲」的地方會師。

齊魯會戰當天，季孫康子還是不敢親上戰場，因此由三十八歲的冉求率領魯國的左軍。另一名孔子的學生，二十一歲的樊須（子遲）（註五），因為肯盡力拚命打仗，所以跟冉求共乘一輛戰車，擔任揮戈殺敵的「車右」。

季孫康子雖然不敢親自上陣，但他派出季孫家族的私兵參戰，光是穿戴盔甲的戰士就多達七千人，於是魯國左軍就由冉求率領季孫氏的家兵所組成。孔子墮三都之時，應該沒有考慮到要如何對付季孫家族的七千名戴甲戰士，所以他僅用區區數十名孔門子弟就想削弱三桓，才會慘敗。

除了季孫氏家兵之外，冉求另外帶領武城的三百名士兵作為自己的親兵，因有多名儒家子弟都當過武城大夫（宰），而且頗得民心，所以武城士兵願意跟冉求與樊須共赴國難。

冉求命令這三百名武城兵卒使用長矛作為武器（向前衝刺比較方便），而不拿當時慣用的戈（適合左右揮舞）。相較於其他孔門子弟，看得出來冉求確實是一個深思熟慮的人，不僅對不同局勢都有應對的備案，連應該使用哪一種武器較能戰勝敵人，他都事先想好了，難怪他是儒家政治排行榜上的第一名。

以上是魯國左軍的部署。

古代中國是以右邊為主，所以魯國主力部隊（右軍）是由貴族們領軍，並由孟孫懿子的兒子擔任右軍的統帥。

開戰之後，齊國輕易地擊敗了魯國貴族們所組成的右軍，這些魯國貴族子弟真是銀樣蠟槍頭，平常對老百姓只會傲慢地擺出高高在上的模樣，遇上生死關頭的考驗，疲軟無能又沒有膽識，唯一的看家本領就是夾尾敗逃！

齊軍趁著擊敗魯國右軍的氣勢，對冉求發動包圍的攻勢，但魯國左軍都沒人敢跨過壕溝出戰，冉求一時之間也不知該如何是好。

樊須這時對冉求說，魯國左軍的將士們不是不能奮勇作戰，但所有的人還不相信冉求這樣的平民百姓，能否有足夠的膽識擔任一軍的主帥。

樊須建議冉求再三重申號令的內容，讓所有人確知軍事行動的目標以及嚴厲懲罰的事項，然後冉求必須帶頭衝鋒，因為只要能夠身先士卒地展現不怕死的勇氣，魯國左軍的兵將們一定會追隨。

冉求接受樊須的建議，向全軍重申號令三次之後，樊須便迫不及待地一鞭急打在馬上，戰車立即衝了出去，冉求則舉劍向前猛揮，號令全軍出擊！

魯國左軍將士們看到主帥跟副帥都如此英勇，人人鬥志大增，個個爭先恐後地衝過壕溝，拿著長矛向齊軍猛烈地殺過去，齊國部隊遭受突襲，果然潰不成軍。

冉求、樊須二人更奮力衝殺，擊敗齊國的主力部隊（右軍），斬首八十名帶甲武士，冉求、樊須這對師兄弟一戰成名。這才是歷史上真正的冉求，而不是孔子命令學生們鳴鼓攻之（註六）並遭到醜化的冉求。

冉求雖然打敗齊國，但齊軍損傷不大，冉求深怕遭到埋伏的暗算，所以沒有持續追殺。一直等到晚上，他接獲間諜的確實情報，齊國部隊趁著夜色的掩護，正在逃回齊國的途中。

冉求立即請示季孫康子，務必要盡速派兵追殺敗軍，才能獲得殲滅敵人的全勝。請示次數多達三次，都被膽小的季孫康子拒絕。

這一戰也證明了出身平民百姓的人才，遠遠比貴族世家子弟更加卓越，養尊處優的貴族子弟只是檯面上好看而已。

有關窮困平民以及富庶貴族一起行軍打仗的情形，除了古代中國的例子之外，我們還可以參照《理想國》第八篇（註七）極為精彩的描述，柏拉圖是這樣說的：「養尊處優的貴族子弟，個個長得白白胖胖的，在和平時期看起來頗為壯碩。可是一到戰場上稍微動一下就氣喘吁吁、汗流如雨；若是敵人箭矢射到面前，整個人的膽氣與血色霎時灰飛煙滅，面色慘白！

「站在這些貴族子弟身旁的平民百姓，個個精瘦俐落，人人為求戰功都奮勇作戰。他們看到平時擺起架子作威作福的貴族子弟，遇上生死交關的危險竟然是如此膿包。

「第一次看到這種衰樣，平民百姓必定大感詫異，心中原有的貴族形象立即破滅；第二次上戰場再看到貴族子弟如此無能，就會開始產生『吾可取而代之』的雄心壯志！」

冉求、陽虎、孔子與三桓

相較於陽虎跟孔子，接下去協助季孫家族的冉求，沒有再跟頗得民心的季孫家族對抗，而是選擇忠心地為季孫家族效勞，所以只有冉求沒有流亡國外。

對照這三名庶族子弟如何在三桓專政的魯國取得一席地位，是一段很有趣的歷史，特別是孔子跟冉求師生二人如何應對三桓的方法。

孔子打算削弱三桓之權力基礎的墮三都事件慘遭失敗，對當時大約二十四歲的冉求而言，這個挫敗一定讓他留下深刻的印象，使他記取陽虎以及孔子的慘敗教訓，不敢再與頗得民心的三桓直接對幹。

隳三都會失敗就是因孔子引爆魯國內戰之後，卻沒有足夠的軍事力量去鎮壓三桓。假使孔子那時有足夠的軍力，他就可以用軍事暴力壓倒孟孫懿子跟公歛處父的反抗，獲得內戰的勝利。

歷代儒家可以視而不見這個殘酷的事實（必須透過血腥的武力才能實踐儒家思想），但相信那時的冉求已經深深體悟出，若要取得實踐儒家思想的權力，必定得先學會如何作戰並掌握到軍事武力。

齊魯之間的稷曲戰役已經證明，冉求原本是一個謙讓甚至有點退縮的害羞青年，後來他確實是藉著能夠打仗殺人，進而獲得三桓家族的重用與信賴。正是因為冉求建立軍功（而不是實踐周禮孔仁），三桓才同意讓孔子結束流亡生涯，並恩准至聖先師返回魯國。

沒了血腥的軍事暴力作為最重要的工具，儒家思想就無法實踐！

兩千年後的王陽明也領悟了這個「祕訣」，成為獨尊儒術後唯一一個能夠獲得政治實權的大儒，他成功的手段就是藉著戰爭殺人（註八）。

除了孔子墮三都引爆內戰，以及冉求打敗齊國等軍事暴力事蹟之外，接下來我們要看孔子教唆侵掠齊國的事件。這三個真實的史蹟都是儒家思想與軍事暴力有著內在關聯性的最佳證明。

第三個史蹟

吃人又殺人的儒家禮教——七十歲的孔子為何堅持要發動對外的侵掠戰爭，而且還是在魯國飽受蝗災與飢荒的時刻？

耶穌紀元前四八三年，孔子年滿六十八歲的那一年，在至聖先師已經歸國的孔家裡，孔子就在長子孔鯉過世的氣氛裡度過。年終之前，孔子在書房內親自用筆刀在《春秋》的竹簡上刻下：「九月，螽。十有二月，螽。」

除此之外，孔子在去年底（紀元前四八四年）也在《春秋》的竹簡內刻著：「十有二月，螽。」「螽」就是蝗蟲，依據孔子寫在《春秋》裡的記載，短短一整年內魯國就爆發三次蝗災。古代人對蝗災甚感恐懼，因為蝗蟲一來、寸草不留，什麼能吃的都抹得一乾二淨！耶穌紀元前四八一年（魯哀侯十四年），因為接連三次的蝗災，魯國果然發生飢荒。

魯國缺糧到底有多嚴重？

魯國一年內慘遭連續三次可怕的蝗災，導致全國沒有任何收成，並造成嚴重的飢荒（註九），搞得首都曲阜城內到處都是挨餓的百姓，個個面有菜色；年紀大的愁苦不堪，年紀小的蒼白虛弱。沒有足夠糧食可吃的日子久了，路上有許多面頰消瘦的母親，抱著身軀乾癟又病弱的小孩們在乞討食物。

這時魯國的執政者已經換了新的一輪，魯定侯的兒子魯哀侯，以及季孫桓子的接班人季孫康子成為新的主政者。

但他們依然無能拿出任何具體的方案，去有效地減緩飢荒。對統治階級而言，嚴重的事情不是人民吃不飽，而是因為收成不好導致國家稅收大幅減少。在這節骨眼上，魯國執政者不僅沒有免除人民的稅賦去減輕百姓的苦難，反而還想加重課徵百姓的稅額，藉以充飽自己的私囊。

向來不得民心的魯國公室果然不管人民死活，這時魯哀侯就問孔子學生有若，發生飢荒之年導致財政收入不夠，應該怎麼辦？這就是記在《論語》〈顏淵〉第九章的故事。

吳王夫差在六年前逼迫魯國之時，有若曾經打算夜襲一代霸主夫差，所以自告奮勇地加入由三百壯士所組成的敢死隊。

勇士有若建議魯哀侯應該改採什一稅制（抽取人民收穫量的十分之一），魯哀侯竟然如此回應：「你是在開玩笑嗎？這兩年因為蝗災以及旱災，全國農作物收穫量嚴重減少，現在提高稅率課徵人民收成的百分之二十，就是希望藉著高稅率以維持往年的稅收總額。沒想到蝗災、旱災太過嚴重導致農作物收穫量太少，課徵這樣重的稅收還是嚴重不足，你建議百分之十的稅率怎麼可能夠用呢？」

勇士有若的內心感到非常憤怒，許多人民都已經沒食物吃了，這些統治階級只考慮到要加重稅率，藉以維持自己的榮華富貴。

但礙於階級森嚴的周禮制度，勇士有若也不方便當場發飆，只好回答：「若是老百姓豐足，國君就能徵課夠用的稅收；要是平民百姓的生活有困難，國君能從哪裡獲得足夠的稅收？」言下之意，當然是要統治者也共體國難，與民同苦；可惜這樣的建議並沒有被魯國的統治階級採納。

縱使是孔子已經返回魯國的時代，至聖先師仍然無法解決嚴重飢荒所帶來的衝擊，孔子真的像歷代儒家所宣傳的：只要是有「民族靈魂」的孔子在，必定可以化解所有政治難題，進而開創萬世的太平？

這時有越來越多的魯國人民為了活命，因著飢寒起了盜心，被迫淪落為搶匪，奪取仍有糧食可吃的人家，甚至在得知魯國統治者竟敢調高稅收時，憤而盜掠公家以及三桓的糧倉。

季孫康子接獲消息，某地的三桓糧倉被他眼裡的「盜賊」搶劫，他非常的憤恨不平。季孫康子突然心生一計，他決定召喚號稱博學多聞又被尊為至聖的孔子，看他是否有什麼可行的方法。

季孫康子越來越覺得這是個好計謀，若是連至聖先師孔子都拿不出任何具體可行的方案，那麼季孫家族的無能就很難被魯國人民苛責了。接下來就發生《論語》〈顏淵〉第十八章與第十九章的故事。

季孫康子看到孔子進府登堂之後，趕緊問他：「孔夫子，現在國內遍地『盜匪』，該如何是好？」

全魯國上下誰不恨統治階級在飢荒、蝗災之年還敢課徵重稅，孔子覺得要給季孫康子一個機會教育，於是回他：「假使居於高位的您不貪、不取的話，就算您獎勵人民去偷、去搶，也沒有人會去做。」

被孔子這麼直白的一嗆，季孫康子突然怒從心中起，脫口而出：「那麼我就動用周禮酷刑，殺死任何膽敢違法的人民，相信這麼做就可導正社會風氣，你說可否？」

言語之間展現出嚴厲的殺氣，似乎也是在警告孔子說話得客氣一點。

孔子察覺季孫康子動了怒，趕緊緩和自己的口氣，施展儒家吹捧權貴大人之技：「有您當國家的執政者，何需動用刑殺的手段呢？只要您做出善事，人民就會效法，自然而然就變善了。統治者（君子）高貴的品德有如和風，平民百姓（小人）的行為就像雜草，只要執政的人展現統治者應有的品德，人民自然會像雜草一樣順風倒下，必然拜服。」

季孫康子看到孔子擺出一副「畏大人」的乖順模樣，心中的怒氣才消了一半，但他聽到孔子提出如何解決盜匪的方法，依然只是嘴巴講講仁義道德的陳腔濫調，對任何實際困難都無法提出一個具體的解決方案。

季孫康子認為孔子已經七十歲了卻依然如此，讓他覺得至聖先師真是一隻變不出新把戲的喪家老犬。季孫康子看破孔子的無能，等這個消息一傳出去，讓魯國人民知道連至聖先師都束手無策，自然減輕季孫家族的壓力。他一看目的已達成，就揮手叫孔子退堂，獨自苦惱應該如何解決那麼多搶糧的「盜匪」。

只是忽然間，腦海裡再閃出孔子說的最後一句話，表面上聽起來好像拍他馬屁，但暗中在嘲諷季孫康子沒有以身作則，無能做人民的榜樣。

一想到這裡，季孫康子再度怒火攻心，刻意用堂外都能夠聽到的聲量說：「我（季孫康子）不仁呀，竟然要去剝削人民的財產；可是號稱至聖的人，卻準備唆使我要出兵侵掠齊國，打仗可是必定出人命的。這年頭是怎麼了？要剝奪生命的人，竟敢反過來斥責僅是剝削財產的人，這是哪門子的以身作則？若這不算是無恥，什麼才算是無恥！」（註十）

樊須想要學植糧、種菜的原因

看完上面的史蹟，在此可以反思一下。

面對天災所引起的人禍，儒家開山祖師爺至聖先師孔子，很努力地用著儒家的方式去拯救天下蒼生，這個儒家專有的方法就是嘴裡說說或是筆下寫寫統治者應該為民謀福的道德勸說。

很可惜的是，這種「極高明而道中庸」的孔子之道，完全無法感化統治者，孔子之道甚至沒辦法感動統治階級掉下幾滴悲憫天下蒼生的鱷魚淚！

咱們真得要提醒孔大聖人了，連現代人都能從《左傳》魯襄侯二十九年（孔子滿七歲）的記載，得知當時宋國與鄭國也都發生嚴重飢荒，但那時宋、鄭兩國的統治階級都想出有效的辦法減少飢荒對人民的傷害。

為什麼極高明而道中庸的孔子除了道德勸說之外，還是僅能道德勸說？

孔子是一個飽讀歷史的人，他應知這些記載在魯國史書裡有關解救糧荒之道。孔子為何不先建議季孫氏採用鄭國的方式解救苦難的人民？

當時，鄭國大臣罕虎（子皮）免費發放公家倉庫內的存糧給飢民，讓百姓脫離飢餓的苦難。

若是季孫家族不肯免費發放存糧，孔子可以再建議季孫康子採用宋國司城樂喜（子罕）的方式，就是用租貸的方式借糧給挨餓的人民，例如：先借一百斤糧食給每戶人家，等到人民隔年有收穫可返還之時，必須加十斤還給季孫康子（共還一百一十斤），這樣既可以救濟人民的急難，又能增加季孫家族的收穫。

若是三桓不接受任何一種方式，孔子為何不親自實踐「殺身成仁」，用死諫的方式逼迫三桓拿出糧食救濟飢民？面對任何實際的政治困難，孔子除了道德勸說之外，沒有任何其他的方法可以「迫使」統治階級必須體恤民情。

結果平民百姓被迫要勇敢地起來反抗統治階級，唯有如此才可能獲得人民應該有的權力與權利。反觀台灣過去四、五十年的歷史，更能證明「人民若不懂得反抗，政府就不會反省」，因為台灣的百姓們領悟了這個真理：「民若不刁，國必不強！」

有了上述的反思，我們再看歷代儒家是如何醜化真正想解決問題的人。

魯國飢荒越來越嚴重，稷曲戰役的戰爭英雄，也就是孔子的學生樊須，他看著越來越多的平民百姓因沒東西吃而淪為盜匪，但是自己的老師，至聖先師孔子，卻只能口中講講仁義道德，完全提不出任何有效的解決之道，他內心很是憂煩。

樊須是一個深具軍人個性的好漢，除了具備臨危不亂以及思緒敏捷的才能之外，他還非常務實又非常注重尋求解決問題的執行方法。

但是在儒家書籍裡，樊須卻被醜化成一個反應遲鈍、不重視倫理道德，卻只想學習小人之技的不入流孔門子弟！

樊須苦思多日，終於想到了一個可行的方法：若是多找一些人去開耕荒地，自然就可增加糧食的產量。縱使緩不濟急，但只要將這方法加以推廣，收成時便可多幫助一些飢民，也算是盡點個人微薄的心力去降低人民因飢荒所遭受的苦難。

樊須越想越覺得可行，但礙於自己只會打仗卻完全不懂農耕技術，於是想到自己的老師，素稱博學多能的孔子，一定深知農耕之術。以下就是發生在《論語》〈子路〉第四章的故事。

樊須立刻前往魯國的杏壇，準備向孔子學習種植、除蟲等等農耕技術；一旦學會，他便能趕緊教導魯國的軍士。樊須這辦法有可能是後來中國歷史上的「軍隊屯田制度」：由軍人去開墾荒地，藉此擴大耕地面積，進而增加軍糧的產量，許多後世的英雄豪傑都採用這方法。

樊須進堂一看到孔子，馬上二話不說地請教他如何種植糧食（註十一）。

孔子一聽樊須不是請教他有關孔仁周禮的學問，臉上立即露出非常不屑的表情，心想我（孔子）開的是教導學生怎樣當官、如何成聖的學校，樊須不是請教過三次什麼是「仁」（註十二）、兩次詢問什麼是「智」（註十三）、一次問什麼是「孝」（註十四），還有一次問「崇德、辨惑」（註十五），怎麼這時腦筋糊塗了，誰跟你下黃土搞農耕！

於是孔子冷冷地回說，「講到種植糧食，我不如農夫。」

樊須沒想到孔子竟然潑他冷水不願意教他，但為了增產糧食拯救飢民，他依然不死心地問孔子：「夫子，您向來以博學多能而聞名於世，那麼種植稻麥不行，教我如何種菜應該沒問題吧？蔬菜長得很快，有利迅速解決飢荒的困難。我覺得孔門師生還是得做點實際有助於飢民的事情才好，否則看著那麼多流離失所的挨餓百姓，卻無能做出任何可助人民的事情，實在令人無法心安呀。孔子，您知道『心不安』（註十六）對儒家是多麼嚴重的事吧？」

「種菜？哼，我不如老圃！」

樊須看到孔子的態度好像不在意平民百姓挨餓的樣子，而且回答問題的態度又越來越冷漠，覺得再問下去也只是徒增師生之間的難看，只好非常失望的離開杏壇。

樊須才剛走到外面，馬上有小孩子用著無力又顫抖的小手拉著他的衣服，想乞討一些東西吃。望著滿街飢餓的人民，但儒家師生卻拿不出任何救濟的方法，樊須心中非常難受。

樊須離開杏壇之後，孔子馬上施展言語暴力在背後大罵樊須。

「我孔丘是造了什麼孽，怎麼會教出樊須這種小人呀！高高在上的統治者只要好禮，人民就不敢不尊敬。

「高高在上的國家領導人只要好義，人民就不敢不服從。

「高高在上的政府官員只要好信，人民就不敢不說出實情。只要統治階級能做到，屆時四面八方的人民就會背著自己的小孩前來投奔，學會農耕技術有什麼用！」

至聖先師呀，難道說飢餓的人民只要背著小孩跑到充滿禮、義、信，但卻沒有任何存糧的國家，光吸空氣就會飽嗎？

歷代儒家常常諷刺道家隱士們「清談誤國」，於事無補。但是儒家跟孔子除了嘴裡講講周禮孔仁以及筆下寫寫倫理道德之外，到底還能做出什麼真正對人民有貢獻的事情呢？

針對任何現實生活上的困難，孔子只能再三搬弄那一套完全無濟於事的周禮孔仁，真是應驗了中國學者以及著名歷史小說家（《大秦帝國》的作者）孫皓暉所講的：孔子跟歷代儒家只會做官，卻不會做事！（註十七）

儒家主張學習怎樣當官，以及如何擺出建立價值觀的神聖模樣，是較高級的使命，而學習種植糧食就是較低等的小人之技。

針對這樣的價值衝突，本書第二部的短文〈美國國父是小人?!學習耕作就是小人？〉，將會比較歐美白人的文化是如何看待同一個議題。

愛好和平的孔子？聖人教唆國君侵掠鄰國

孔子返回魯國後，季孫康子打算消滅小國顓臾，因它的地理位置剛好介在首都曲阜與季孫家族大本營（費邑）的中間，若能攻占下來，季孫氏的勢力範圍就可直達費邑，不用再擔心中間有個小國擋住。

季孫康子決心攻打顓臾的事情，孔子提出反對意見，在《論語》〈季氏〉第一章留下禍起蕭牆的反戰言論，經過兩千年來的儒家宣傳，讓所有華人都認定孔子是一個愛好和平的聖人。

但真正的孔子，確實是一個反戰的正義之士嗎？

接下來，我們將看到孔子為了貫徹他心目中最重要的儒家價值觀，在嚴重的飢荒狀況下，進而做出踐踏生命以及僭越周禮的人禍行徑。

對比季孫康子想在民豐食足的時期發動戰爭，但至聖先師孔子卻要在人民飢荒之時發動戰爭，兩者相較之下，哪一個更可恨？讓我們來稍做比對。

話說耶穌紀元前四八一年（魯哀侯十四年），孔子滿七十歲的那一年，齊國大臣陳成子殺死齊簡公。孔子得到消息之後大感憤怒，畢竟他自居為周禮制度的守護者，無法容忍以下犯上的行為，任何「以下犯上」的舉動，都是他必須口誅筆伐的嚴重罪行。

但我們得適時提醒一下至聖先師：孔子呀，您顯然忘了自己幾年前才迫不及待要去投奔「以下犯上」的叛臣公山弗擾（註十八），還有應召「以下犯上」的賊逆佛肸（註十九）。聖人自己都做不到的事情，怎能苛求別人呢？

「己所不欲，勿施於人」，難道不是孔大聖人的諄諄教誨嗎？還是說，儒家的諄諄教誨都是約束別人的倫理道德，但絕不適用在自己身上？

孔子的學生們得知齊國發生大臣殺死國君的事件，個個疑懼是否會發生什麼亂事，雖然陳成子頗得齊國民心，但不知齊國公族與其他貴族是否會反抗。再加上齊魯兩國相鄰，萬一有什麼動亂，魯國正慘遭蝗災跟飢荒，只怕會帶來更加嚴重的禍事。以下就是《論語》〈憲問〉第二十一章以及《左傳》魯哀侯十四年甲午日所記載的故事。

當陳成子殺死齊簡公的消息傳到魯國，在口頭上誓死反對叛臣賊逆的孔子，馬上就齋戒；再隔一天，孔子又齋戒。第三天除了齋戒之外，已經七十歲的老人竟然還洗澡。洗澡在兩千五百年前的北方中國，可是一件不得了的事情，特別是已經七十歲的老人要洗澡，更是一件大事。

孔門子弟們看到孔子齋戒又沐浴，每個人都感覺到孔子這次絕對是玩真的，應該是鐵了心要堅決地對付殺死國君的陳成子，所有人都相信孔子這次絕對不會再像他所主持的夾谷盟會那樣喪權辱國（註廿），也不會像隳三都那樣半途而廢，更不會像當初想去應召公山弗擾、佛肸，或是投奔趙簡子那樣中途放棄，導致所有的事情都做不好，一事無成。

看到孔子如此「堅決」的態度，所有孔門弟子都興奮不已，但也都在猜想孔子將用什麼方法對付頗得齊國民心的陳成子。

孔子沐浴並等身子乾爽之後，迫不及待地整裝前往宮裡拜見魯哀侯。

魯哀侯一看孔子氣急敗壞地升殿拜見他，雖然不知孔子為何事而來，但瞧他臉上的表情，魯哀侯心中暗自叫苦：「這頑固的孔老頭一來，絕對沒好事。」

果然，孔子劈頭就說出：「主公呀，陳成子大逆不道，竟敢弒殺自己的國君。我孔丘雖已是把老骨頭，依然無法容忍這種賊逆的叛亂行為，特地齋戒三日並且沐浴淨身以表肅穆之心。

「主公，您一定要發兵殲滅陳成子這個叛賊，這樣才能詔告天下，周禮制度還是有人忠心耿耿地在維護。若能如此，絕對教任何膽敢違反周禮制度的亂臣賊子懼怕。」

魯哀侯聽完孔子口沫橫飛的控訴之後，心中狂打O.S.：「這個語無倫次的孔老頭，他在說什麼呀？什麼維護周禮制度？出兵攻打齊國這個侯爵大國，豈是孔丘這個殷商餘孽有資格說三道四的？

「虧孔老頭還敢自稱一輩子堅守周禮，難道連征伐出自天子的基本道理都不知道嗎？若是敬虔地遵循周禮的制度，孔丘只能來稟告寡人我，然後再由我（魯哀侯）往上奏請洛陽京城內的周王，最後只能由周天子定奪應該如何處置。這個孔老賊，也不想想自己只不過是一個被我朝滅絕的殷商餘孽，竟敢膽大妄為的造次，你倒說說看是誰在違反周禮！」

魯哀侯心想，連春秋霸主齊桓公、晉文公都知道發動任何戰爭，還需假借周天子的名義，至聖先師孔子卻連周天子都沒請示就想發動侵掠戰爭，由此可證他根本沒把周王放在眼裡。孔子這種膽大妄為的僭越行徑，看在真正捍衛周禮制度之人的眼裡，還真是孰可忍孰不可忍乎！

孔子不知道魯哀侯為什麼看起來滿臉無奈又略帶不滿，反而趕緊加重唆使侵掠齊國的力道，「主公，陳成子以陪臣的卑微地位，竟敢大逆不道的弒君。若能發兵攻滅陳成子，就能給叛臣賊子們一個寒蟬效應，讓他們不敢再妄為造次。」

孔子不僅完全搞不清狀況，還敢繼續堅持發動侵掠戰爭，魯哀侯便質問他：「孔國老，你知道齊國比魯國還強大又更富庶吧？我國才剛剛發生三次蝗災，在嚴重缺糧的情況下，如何出兵呢？」

孔子一聽，誤以為魯哀侯有出兵的意願，只是擔心糧草不足而已，於是孔子趕緊說出他智商等級所能想到的腦殘戰略。

「主公，齊國有一半的人反對大逆不道的陳成子，若再加上我們魯國驍勇善戰的軍隊，必定可以打敗陳成子，誅殺這個賊逆。」

魯哀侯這時望著孔子，心中狂訐猛譙：「人人都說孔丘迂腐、頑固，看來一點都不假。魯國一年內發生三次蝗災，已經快沒糧食可吃了，哪來餘力發動侵掠戰爭？

「況且陳成子的家族連續三代都用小恩小惠收買齊國平民百姓，所以深得民心。當初崔杼殺死齊景公的哥哥（齊莊公），齊國人民全部反對崔杼；但現在陳成子殺死齊簡公，竟然有超過一半的齊國人民支持陳成子。你孔丘大老爺如何帶領挨餓的魯國軍隊，去侵掠比魯國富強又有一半人民支持的陳成子？若這不叫做自殺的贛愚蠢呆，什麼才是呆蠢愚贛！」

魯哀侯雖然是「生於婦人、長於深宮」的紈褲君主，但他還知道戰爭之道的虛實要領。

魯哀侯回應孔子：「孔卿呀，齊國沒來招惹魯國，再加上齊國比我國富強，我們怎能先出兵侵掠呢？我看還是甭打這個主意了；否則在飢荒之年，竟然要出兵侵掠強大的鄰國，這絕對是兵敗亡國的舉動，屆時全國將士跟人民必然慘遭無辜的傷亡。」

魯哀侯言下之意，除了間接警告孔子要客觀評估齊魯兩國的軍事實力，不要躁進蠢動，更打算用人命寶貴的理由，勸阻孔子打消出兵侵掠齊國的歪念，畢竟所有儒家知識分子都大力宣揚孔子最體恤人民，宣稱孔子最愛護百姓，宣讚孔子最懂得人命寶貴以及最重視人性尊嚴，深信這樣的理由一定可以打動偉大又神聖的孔子。

「主公，若不趁此機會出兵攻打陳成子，將來任何一個地方的叛臣賊子只會越來越囂張，更加大逆不道。」

這就是號稱最重視人命寶貴的至聖先師孔子的回答。魯哀侯聽到孔子的回答，深感詫異，原來儒家第一號大聖人為了實踐自己的意識形態，根本不管人民的死活！

魯哀侯實在盧不過這麼頑固又不懂得看情況的老頭，望著孔子那副自以為堅決的模樣，只好跟他說：「孔卿，我國軍隊全部聽命於季孫、孟孫和叔孫三大家族。你先去問問季孫康子以及孟孫、叔孫諸位愛卿，看他們是否接受你的建議，立即出兵侵掠齊國？」

魯哀侯沒有別的辦法叫孔子這頑固的老頭死心，只好把燙手山芋丟給孔子自己去處理。

孔子一聽突然楞住，國君怎麼會是叫他去請示僅居於世卿地位的三桓，這不是顛倒了嗎？孔子連問三次魯哀侯是否直接出兵，魯哀侯做了三次同樣的指示，孔子只好隔天再到司徒府去請示季孫康子。

季孫康子老早就獲得宮內心腹的報告，但心裡納悶，「孔老頭怎麼完全沒有從隳三都學到任何教訓，我們三桓也都是國內權臣，何必為了孔老頭子的意識形態，再次被他利用去得罪同樣是權臣的陳成子？」

於是季孫康子派人通知孔子，說他不在府內，叫孔子改天再來。

孔子真的改天再來，依然吃了閉門羹，而且還是兩次超大碗的閉門羹，氣得孔老頭子什麼東西都吃不下了。

有關孔子再三教唆魯哀侯跟三桓出兵攻打齊國陳成子的史實，孔子除了僭越周禮制度，沒有告請魯哀侯再上奏周天子之外，還犯了幾個嚴重的錯誤，再次證明儒家無法準確地評估客觀的情勢。

首先，孔子或許知道一些軍隊擺陣、士卒訓練的知識，但他根本不懂得作戰的基本要務。

為何我們敢如此批評？

孔子把三次蝗災都記錄在《春秋》裡，但他明知在嚴重的缺糧時期，竟敢再三教唆魯哀侯跟三桓必須侵掠齊國，這是嚴重違反《孫子兵法》〈軍爭〉的戰爭原則：「軍無輜重則亡，無糧食則亡，無委積則亡！」

孫子連續三次用了會滅亡的嚴厲警告，就算是白癡也知道：全國鬧糧荒之時，怎會有人笨到堅持要出兵去侵掠比自己國家還強大，又比自己國家還富庶的敵國？

對齊國跟魯國人民而言，幸好魯哀侯以及三桓沒有蠢呆到聽信孔子的餿主意，出兵攻打齊國的權臣陳成子；否則剛出兵沒多久，就會因為魯國的嚴重飢荒，導致在前線的士兵吃不飽，而且國內人民也挨餓。

若真的發生了那樣的困境，魯國還有可能打敗強大的齊國嗎？恐怕魯國的侵掠軍會被殲滅，到時候魯國人民要算帳的對象，絕對會是那個要發動侵掠戰爭的始作俑者「賊丘」（註廿一）！

孔子出生前的民本思想如何看待大臣殺死君主

我們可再次思考孔子教唆侵掠齊國的爭議。頗得齊國民心的陳成子殺死昏庸的齊簡公，這件事情的嚴重性有必要讓孔子完全不顧挨餓的人民，也要出兵侵掠齊國嗎？

就拿同樣是春秋時代的兩個例子，而且還是發生在孔子出生之前的史例，讓我們了解古代中國人的政治價值觀是如何看待臣屬殺死國君的政治衝突。

筆者再次不厭其煩地提醒讀者們：我們不是拿現代人的價值觀去批判孔子，因為這不是古代與現代的差別問題，而是善惡與對錯的判斷。跟孔子同一時代或是更早的人，已有不同於儒家孔子的價值觀了。

其實春秋時代的政治人物已經認為臣屬殺死昏庸或殘暴的君王，是一件應該被允許的正確事情，但這種正確價值觀的萌芽，卻因罷黜百家後被孔子與儒家的政治思想給斬斷了。

古代中國對國家領導人被臣屬殺死的政治觀點：

第一個例子發生於耶穌紀元前五七三年，這是孔子出生之前二十二年，《左傳》魯成侯十八年記載晉厲公被大臣欒書以及中行偃殺死（註廿二）的史蹟。

魯成侯獲知這消息後，便在朝廷上詢問在座的官員：「臣屬殺死國家領導人，是哪一邊的過錯？」（臣殺其君，誰之過？）

在座官員沒有人敢回答這問題，只有史官（里革）回答魯成侯，他主張臣屬弒殺君主，一定是國君的錯，因為「君主手中握有強大的權威，所以必定是國家領導人自己犯下太多的過錯，才會被殺……因為做好、做壞都是君主自己決定，官員跟百姓哪有能力讓國君變壞，導致他被殺？」（註廿三）

晉厲公被欒書、中行偃殺死的事情發生在孔子誕生之前二十二年，當時魯國史官里革就能依據孔子出生之前便已經存在的「民本思想」，將國家領導人被殺的責任歸咎於領導人自己的過錯，可見所謂的「民本思想」絕對不是儒家的專利。

魯國史官里革講出他的高見九十二年之後，我們可以拿他的言論去對照孔子如何應對陳成子殺死齊簡公的事變。孔子對陳成子的反應可以證明他腦中最高的核心價值，到底是愛護人民或是在維護統治階級絕對不准任何人以下犯上的既得利益。同樣是殺死國君的事件，史官里革判定是國君的錯誤，但孔子卻怪罪大臣，至聖先師還堅決要出兵攻打頗得民心的陳成子。

透過這個史實的對比，我們才說孔子誕生之前就已經存在的正確價值觀，是因為罷黜百家之後，才被孔子與歷代儒家的政治價值所「汙染」。

古代中國對國家領導人被臣屬趕下台的政治觀點：

第二個在孔丘誕生之前所發生的「民本思想」史例，乃是耶穌紀元前五五九年，在孔丘出生之前八年（註廿四）。

距離上述晉厲公被臣子殺死後再過十四年，衛國爆發內亂。衛獻公因藐視世卿孫文子，引發孫文子的不滿，進而起兵驅逐衛獻公。

晉國國君（晉悼公）聽到這消息後，對樂師曠抱怨：「衛國大臣只是因國君藐視他，竟敢因此逼走自己的國君，為人臣子竟幹出這種事情，這豈不是太過分了！」

樂師曠回答：「或許是衛獻公自己太過分了吧？若一個國君讓人民生活困苦，也不去祭祀神明而讓官員們絕望，整個國家有領導人跟沒有一樣，人民還需要這樣的國君嗎？這種國家領導人難道不應該趕走嗎？」

兩千五百年後聽到這樣的言論，不得不拍手叫好！

樂師曠接著加把勁機會教育晉悼公，以免他變成被臣子殺死的晉厲公二世：「主公呀，跟您說咱們古代中國人跟猶太人（註廿五）一樣，都是深信上帝創生了萬民並且設立國君，就是為了好好管理百姓，以免人民喪失天生的德性。所以天子有公卿宰相的輔佐，而諸侯也需世卿的幫助。任何人做了好事就獎賞，有過失就匡正，失職的人就革除！

「上帝非常愛護人民，祂怎可能讓任何一人騎在萬民頭上為非作歹，任由那個人放縱他的私慾，致使人民泯滅天生的德性？這絕非上帝能夠容許的事情！」

樂師曠的民本言論如下：「若困民之主，匱神乏祀，百姓絕望，社稷無主，將安用之？弗去何為？天生民而立之君，使司牧之，勿使失性……是故天子有公，諸侯有卿，庶人、工、商、皁、隸、牧、圉皆有親暱，以相輔佐也。善則賞之，過則匡之，失則革之……天之愛民甚矣，豈其使一人肆于民上，以從其淫而棄天地之性？必不然矣。」

晉國樂師曠的民本言論發生在孔子誕生前八年，等這件事情過了七十八年，就是孔子滿七十歲之時，我們拿晉國樂師曠的民本言論對比孔子如何應付陳成子「弒君」的事件，再一次證明孔子誕生之前就已經存在的正確價值觀（臣民應該要以下犯上地用武力推翻昏君、暴王），確實是因為罷黜百家之後，才被孔子與儒家給汙染了。

筆者在此書中列舉不少孔子不為人知的猙獰史實，並且搭配相同時代但卻跟孔子相左的古人價值觀，目的在於傳達一個客觀的事實：罷黜百家之後的中華文化確實沒有停滯，因為它反而倒退了，比停滯更慘！

春秋戰國時代乃是古代中國人民第一次產生主體意識的契機，跟同一時代的希臘羅馬平民以及印度百姓一樣，都是反對君王貴族專政的階級制度，所以才會產生主權在民的雅典民主與羅馬共和，以及打破階級森嚴之種姓制度的印度佛教。

同一時代的中國人民起來要求公布法律以及貴族不得專政，但這些抗爭都在儒家思想假借倫理道德的愚民政策籠罩下，不僅退回西周王朝的王權獨大，甚至墮落成大一統的帝王獨裁專制！

獨尊儒術之後的中國，統治階級越來越專制殘暴，中國人民越來越像奴隸，從這些史實讓我們再次看清楚：「價值觀的選擇，不僅決定一個人的成敗，更能注定一個民族的興衰！」

從孔子教唆侵掠齊國再看儒家與軍事暴力的關係

從孔子再三教唆魯國當政者必須攻打齊國陳成子的歷史記載，讓我們再次認清那個非常可怕又殘酷的事實：任何一個人若真的去實踐儒家思想，是會引爆對外侵掠戰爭的！

如同孔子墮三都事件引爆魯國內戰，孔子教唆魯國當政者出兵侵掠齊國之事，也是儒家兩千年來都不敢去面對的事實：縱使實踐了儒家思想，還是會讓這世界充滿了血腥與暴力！

墮三都跟教唆侵掠齊國事件，一而再、再而三地證明了儒家思想的本質跟其他思想或宗教不同，因為其他思想（墨家主義）或宗教信仰，都是因為信眾們「違反」或「背叛」教義才導致戰爭，但儒家思想卻相反。縱使是「完全遵奉」儒家思想的人，只要認真地躬行「孔子之道」，實踐的結果是會引爆戰爭的。

歷代儒家大力推崇孔子之道可以修身、養性、齊家、治國、平天下，但是真正將孔子之道付諸實踐之後，竟然是去發動對外的侵掠戰爭，儒家思想如何帶來天下太平、國治民安？

孔子再次證明儒家思想的實踐與軍事血腥暴力有著緊密的關聯性，更何況孔子這一次是積極主動地教唆魯國統治階級去發動對外侵掠戰爭，而且還是在人民挨餓的飢荒時期！

這個可怕的悲劇，只是因為孔子沒有掌握生殺大權，所以才沒發生。領悟了這一個可怕又殘酷的事實，我們才能真正了解為何儒家王莽把原本還算是太平盛世的中國，僅推行儒家思想短短十五年，就爆發對外侵掠戰爭而搞垮整個中國，還差點滅亡了整個民族。

因為孔子就是沒有生殺大權的王莽，而王莽就是握有生殺大權的孔子！

儒家的毀滅性遠遠超過法家，因為從秦孝公任用商鞅開始算起，到秦二世亡國，法家思想總共延續了一百五十年，是儒家思想滅亡一個國家的十倍時間！

儒家思想實踐起來之所以這麼致命，是因為任何一個儒家分子若是掌握生殺大權，必然會效法孔子去貫徹儒家思想，絕對不准任何人違反儒家的意識形態（孔子之道）。若有任何人拒絕接受或是違反儒家的價值觀，必然會爆發內戰或是啟動對外侵掠戰爭的悲劇。

古代中國的墨子在兩千四百五十年前，就已經苦口婆心地警示所有的人：實踐儒家思想必然導致天下滅亡！（註廿六）

墨家在批判儒家的致命缺點，果然有著超凡的真知灼見。

吃人與殺人的孔仁周禮

孔子教唆魯哀侯和三桓出兵侵掠齊國的事情逐漸傳開，造成孔門子弟的騷動。原來所有的儒家學生都不敢相信自己的至聖先師，怎麼會在魯國嚴重缺糧的時候，教唆統治階級出兵侵掠齊國？

孔門子弟眾說紛紜，最後推派端木賜去向孔子確認傳聞是否屬實。端木賜是個成功的商人，當然十分機敏，所以不可能單刀直入地問，他向來都是旁敲側擊然後得出答案。

於是端木賜到孔子面前，很恭敬地請教孔子。

「孔夫子，我記得您以前說過為政之道，好像是跟糧食、軍隊有關的樣子，可否煩請您重新賜教一次？」

「你是說為政應足食、足兵，這樣才能在人民心中建立政府的威信？」

端木賜看到孔子踏入他所設下請君入甕的圈套，趕緊回答：「沒錯，對極了！夫子，您當初的教誨就是『足食、足兵，民信之矣』。敢問若是因為國家力量不

足，必須減免一種的話，請問應該先去除哪一個？」（註廿七）

「去除國家的軍事戰備。」

端木賜終於引誘孔子進入只能二選一的死角了，他真不愧是孔家店裡面最能言善辯的第二把交椅，因為二選一的問題是對付《論語》裡孔子常用轉移焦點、閃躲問題、答非所問的最好方法！

「學生敢問，若去除糧食和去掉政府威信，兩個只能選一個的話，應該再除掉哪一個？」

聽到端木賜這樣問，孔子大概也知道什麼原因了，畢竟在魯國飢荒的時刻，孔子再三唆使魯國當政者要出兵侵掠齊國，確實引來很多人的斥責跟不諒解。孔子決定藉這寶貴的機會，讓端木賜這位高徒確知什麼才是真正的儒家思想、孔子之道。

「去除糧食！自古就沒有人能夠不死，就算有食物吃，人到最後還是得一死。但是若政府沒有威信，人民就不會把統治者放在眼裡，如此一來，百姓們怎麼可能接受統治階級的教化（奴化）？這樣如何確立貴賤有序、尊卑分明的周禮制度？這可是我們儒家最念茲在茲的重大價值！」

孔子講出這話的時候，端木賜以及在旁邊的儒家子弟們紛紛倒抽一口氣，不敢相信自己的耳朵。「殺身成仁」是拿來要求自己精進的理想，孔子卻是拿去當做強迫別人犧牲的目標？

端木賜趕緊逕自解釋：「同學們不要誤會，孔夫子的意思並不是說人民完全沒有東西吃也沒關係。孔夫子的本意是說去除課徵太多的糧食，因為政府徵收的糧食只要夠用就好（註廿八）。」

正當大夥準備接受端木賜的詮釋，孔子卻板起老臉，說道：「端木賜呀，你不是最能聽清楚每個人說話的真義嗎？若只是避免課徵太多的糧食，會導致人民『死』嗎？我孔丘說過的話，要仔細聽清楚每一個字的用意！」

「所以夫子的意思是說，依據儒家思想以及您的孔子之道，縱使人民沒食物吃而活活餓死也沒關係，最重要的價值就是建立政府的威信？」

孔子猛點了好幾下頭，深怕在場的孔門弟子可能還是不懂「孔子之道」的真諦，趕忙再說得更清楚：「記不記得我以前說過，若是人民不把政府跟領導者放在眼裡的話，那統治階級應該如何做？」

「夫子那時候是說必須用猛政、猛刑使人民殘廢。」

「複習一下，是哪一些猛政、猛刑，又如何使民殘廢？」

「猛政、猛刑是周禮制度的酷刑，就是採用劓掉人民鼻子、閹掉人民生殖器官、砍掉人民雙腳的三種刑罰，去對付膽敢『輕慢』統治者的刁民，這樣才算是讓人民殘廢的猛刑。」

「為什麼要這樣做？」

「孔夫子，您教導只有當人民不敢再輕慢政府之後，這樣才能建立威信，那時人民才願意乖乖地接受統治者的『教化』，順服在周禮孔仁的制度下。而人民一旦接受周禮孔仁的教化，才願意凡事聽從統治者的指揮，不敢擅自亂做抗爭。如此一來，才有辦法維護貴賤的秩序（註廿九）。」

「很好，你們還記得我孔丘當初誓死反對鄭國與晉國的作為吧？因為『刁民』們只是起來抗爭而已，膽小的鄭、晉兩國政府竟然就把如何處罰人民的法律公布，導致人民能夠自己解釋法律，造成『刁民』們紛紛起來和統治者辯論、抗爭。

「儒家的使命就是絕對不准人民產生主體意識，平民百姓們只能乖乖地接受統治階級的教化，遵循貴尊、賤卑的秩序，這就是『民可使由之，不可使知之』！」

孔子怕學生們還無法領悟儒家思想的精髓，趕緊再曉諭眾位子弟：「你們都忘了當初言偃擔任武城宰的時候，我（孔子）不是笑他割雞焉用牛刀嗎？結果當時言偃提出我（孔子）曾經教過你們的一個真理：『小人學道則易使』（註卅）。

「還記得什麼是『小人學道則易使』吧？

「意思是平民百姓（小人）學習周禮孔仁之道，就容易接受統治階級的使喚。聽好！記好！身為儒家子弟，這是永遠不能忘的真理！」

孔子望著孔門子弟，他們的表情已經沒有剛才那種錯愕與驚慌的樣子了，因為他們的價值觀再一次受到孔子的「教誨」，導致每個孔門子弟都錯亂地認為只要能夠建立政府的威信，縱使餓死人民也沒關係。

從那時起，歷代儒家都接受「民『信』則『服命從化』……治國不可失信，失信則國不立也」（註卅一），也就是說，儒家認為確立政府威信的目的，就是要讓人民「服從命令、接受教化」！

唯有如此才有辦法迫使人民接受統治階級施展的孔仁周禮，這樣全國老百姓才能變成不知道自己權利、更不敢抗爭的愚民，那時才有辦法順利地建立周禮制度。

孔子很滿意地再接著說：「現在你們知道在人民心目中建立政府威信的重要性了吧？縱使人民餓死，依然要貫徹我們儒家的理想。

「這兩年來連續發生三次蝗災跟旱災，我孔丘明明白白地親筆記錄在《春秋》裡，怎麼可能不知道民間的飢荒。縱使會餓死人民，我們儒家仍要堅決地攻打任何膽敢以下犯上的叛臣賊逆！

「若我們儒家不這樣堅持，等於是有人敢以下犯上，卻沒有受到任何討伐。如此一來，百姓們看到違反周禮制度的人，卻不需遭受任何嚴厲的處罰，屆時人民怎可能會接受儒家所主張的周禮孔仁制度？貴賤的階級一旦無序，那還像話嗎？」（註卅二）

看完這一段記載在《論語》裡的故事，令人驚覺為了貫徹儒家意識形態，至聖先師真的是不惜餓死人民也要去實踐儒家的「孔子之道」！

從古代中國歷史的紀錄（例如《左傳》、《國語》等史書），我們看到二十九歲的孔子大力贊成國僑（子產）教誨游吉動用「猛刑使民殘」；三十八歲的孔子反對晉國鑄造鐵刑鼎，以免人民獲得抗辯的話語權，導致孔子最怕的「貴賤失序」的狀況發生；到了魯國發生嚴重飢荒的時候，已經七十歲的孔子依然罔顧人民性命，再三積極地教唆魯國領導階層要出兵侵掠齊國。

孔子反對人民、鎮壓人民的思想，確實是「吾道一以貫之」，從年輕到年老都不曾改正！

現代儒家為了轉嫁（切割）責任，常常怪罪董仲舒或其他儒家分子曲解孔子的儒家思想，導致中國衰敗。但是客觀的歷史再三地警示我們，儒家思想有著嚴重偏差的價值觀，是發生在孔子本身的問題，因為孔子為了維護統治階級的既得利益，絕對不惜殺人，更不惜吃人，這才是歷史上「真正的孔子」。

也難怪儒學鼎盛的趙宋皇朝，會出現程頤、朱熹這兩位大儒異口同聲地喊出縱使把女人活活的餓死，也只是一件小事；絕對不能讓女人「隨便」跟別的男人發生性關係，那才是宋儒們眼中的大事（「女人餓死事小，失節事大」）。在儒家分子的價值觀裡，女人永遠不是人！

若儒家思想不是吃人禮教，若「孔子之道」不是殺人禮教，什麼才是呢？

註一：請參考《公羊傳》魯定侯十二年的紀事。

註二：《孔子傳》，頁三六，錢穆，（台北）東大圖書，二〇〇三年二月，重印二版一刷。

註三：請參考前面的故事，以及《論語》〈衛靈公〉第一章，孔子拿了衛靈公六萬斗的俸祿，卻不肯勸阻戰爭或是提供任何作戰的方略。

註四：冉求與樊須的英勇事蹟，請參考《左傳》魯哀侯十一年紀事，原文如下：

（魯哀侯）十一年，春，齊為鄎故，國書，高無平，帥師伐我，及清。季孫謂其宰冉求，曰：「齊師在清，必魯故也，若之何？」求曰：「一子守，二子從公禦諸竟。」季孫：「不能。」求曰：「居封疆之間。」季孫告二子，二子不可，求曰：「若不可，則君無出，一子帥師，背城而戰，不屬者，非魯人也，魯之群室，眾於齊之兵車，一室敵車，優矣，子何患焉，二子之不欲戰也，宜政在季氏，當子之身，齊人伐魯，而不能戰，子之恥也，大不列於諸侯矣。」季孫使從於朝，俟於黨氏之溝，武叔呼而問戰焉，對：「君子有遠慮，小人何知？」懿子強問之，對曰：「小人慮材而言，量力而共者也。」武叔曰：「是謂我不成丈夫也。」退而蒐乘，孟孺子洩帥右師，顏羽御，邴洩為右，冉求帥左師，管周父御，樊遲為右，季孫曰：「須也次于雩門之外，五日，右師從之，公叔務人見保者而泣曰，事充政重，上不能謀，士不能死，何以治民，吾既言之矣，敢不勉乎？」師及齊師戰于郊，齊師自稷曲，師不踰溝，樊遲曰：「非不能也，不信子也，請三刻而踰之。」如之，眾從之，師入齊軍，右師奔，齊人從之。」弱。」有子曰：「就用命焉。」季孫之甲七千，冉有以武城人三百，為己徒卒，老幼守宮，

註五：樊須的年齡在《史記》跟《孔子家語》有著不同的紀錄（相差十歲），我採用《孔子家語》的年齡，因為《左傳》記載在開戰之前，季孫康子覺得樊須年紀不大沒有資格當車右，所以他那時不應該是三十一歲。

註六：《論語》〈先進〉第十七章。

註七：《*Republic*》（556c to 577a），p.206, 由G. M. A. Grube翻譯成英文，我再依據英文版的內容，翻譯跟改寫成中文；該本英文版的《理想國》是由Hackett Publishing Company所出版。

註八：《明史》〈王守仁〉傳記載王陽明藉著軍事暴力得到政權，例如他發兵降伏寧王朱宸濠的反叛，以及他殘酷地鎮壓少數民族反抗明朝的暴政。他也因這些血腥戰功而獲得伯爵的地位。

註九：請參考《左傳》以及《春秋》紀元前四八三年（魯哀侯十二年）到紀元前四八一年的紀事。

註十：季孫康子採用這種看不到對方，卻刻意讓對方聽到羞辱之言的方法，還是孔子自己開創的伎倆。原來《論語》〈陽貨〉第二十章記載，魯國有一位叫做孺悲的人，沒有人能真正知道為何他想見孔子，但孔子用生病作為拒絕的藉口。等到求見之人走到屋外，孔子再刻意用對方能聽

到的音量，開始奏瑟唱歌，藉機羞辱對方：我孔丘就是不見你！

註十一：針對樊須為何在《論語》裡提出跟仁義道德都沒有關係的耕作、種菜之問，歷代儒家分子提出許多種解釋，其中一位名叫戴望（一八三七－一八七三），他的解釋與眾不同，而且可能是最貼近事實的推論。他認為樊須這麼做是因為魯哀侯時期發生好幾年飢荒，所以樊須向孔子請教如何耕作，希望能幫助挨餓的流民（參考孫中興的《論語365》〈秋之卷〉，頁二二四）。以前我就覺得樊須的問題非常突兀，後來查了《左傳》才得知孔子死前幾年，魯國因為連年蝗災導致飢荒，便判斷樊須的問題應該是跟飢荒有關。果然如同《聖經》〈傳道書〉第一章第九節所講的真理一樣：「太陽底下沒有新鮮事」，戴望早就有了相同的看法。

註十二：《論語》〈雍也〉第二十二章、〈顏淵〉第二十二章、〈子路〉第十九章。

註十三：《論語》〈雍也〉第二十二章、〈顏淵〉第二十二章。

註十四：《論語》〈為政〉第五章。

註十五：《論語》〈顏淵〉第二十一章。

註十六：《論語》〈陽貨〉第二十一章。

註十七：請參考《強勢生存》，頁一五〇，孫皓輝，（北京）中信出版集團，二〇一六年一月。

註十八：請參考《論語》〈陽貨〉第五章。

註十九：請參考《論語》〈陽貨〉第七章。

註廿：在那次由孔子所主持的夾谷盟會裡，魯國淪落為齊國的附庸。

註廿一：把孔子（孔丘）稱為「賊丘」的古代中國經典，請參考《莊子》〈盜跖〉。

註廿二：此事也可參考《國語》〈魯語〉，王連生，《國語譯注》，頁一〇八，建宏出版社，一九九五年二月。

註廿三：原文是：夫君人者，其威大矣。失威而至於殺，其過多矣……美惡皆君之由，民何能為焉？

註廿四：參考《新譯左傳讀本》中冊，頁一〇一九以及頁一〇二六，郁賢皓、周福昌，三民書局。

註廿五：猶太智慧裡面的「民本思想」。

受到民主自由的歐美文化衝擊，近代儒家特別喜歡標榜孟子的民本思想，好像全世界就只有儒家才有民本思想。其實所謂的「民本思想」絕非儒家孟子的專利，因為早在耶穌紀元前一千四百年左右（比儒家的孟子（紀元前三五〇年左右）還早了一千年），猶太經典的《申命記》第十七章第十四到二十節以及《聖詠》第七十二首，就已經提到了猶太人民應該如何選立統治者，以及統治者應如何體恤人民並善盡為民謀福的責任，因為統治者是代理上帝掌管人民，不可自以為能夠高高在上而驕奢狂妄，君王們僅能依據上帝的公平正義去管理人民。

可參考「猶太智慧裡面的民本思想」如下：

《申命記》第十七章第十四到二十節：

「你們（以色列人民）若決定像其他國家那樣要有自己的王，就必須冊立上帝所揀選的人，你們（以色列人民）必須選自己的同胞當王。被選出的國王不可以擁有大批戰馬……國王也不准有太多的后妃，以免被美色誘惑而離棄上帝。國王也不能為自己積存金銀珠寶，貪圖財富。國王登基之後，利未族出身的祭司要抄寫一份上帝的律法給他。國王必須把這一份律法放在身邊，終生研讀並學習如何敬畏上帝，確實地遵行祂所頒布的所有誡律。這樣做的話，國王就不至於驕傲，也不會違背上帝的命令。國王才能長久地統治以色列！」

《聖詠》第七十二首：

「上帝啊，求祢教導君王學會如何用公正之道統治國家，這樣他就會以正義治理祢的子民，用公道對待被壓迫的窮人。願君王救援貧窮無助之人，並打擊欺壓他們的人。願君王在位期間伸張正義，國泰民安。順從上帝的君王憐憫軟弱無助的人，他將使人民脫離壓迫與強暴；順從上帝的君王看重人命，他將拯救人民的生命。願上帝時常賜福給他，願萬國頌讚他！只要太陽照射以及月亮發光的日子不斷，祢的子民們就要永遠敬拜祢！」

註廿六：請參考《墨子》〈公孟〉。

註廿七：端木賜與孔子的對話，請參考《論語》〈顏淵〉第七章。

註廿八：這是部分儒家知識分子對孔子那句話的解釋。

註廿九：這一個解釋，懇請再次參考《左傳》魯昭侯六年以及二十九年紀事，因為這就是儒家君子叔向以及儒家聖人孔子，雙雙反對公開透明化刑罰規範讓人民知道的理由。

註卅：《論語》〈陽貨〉第四章。

註卅一：請參考《論語365》〈秋之卷〉，頁一五五，引用邢昺的見解，孫中興，聯經出版。

註卅二：孔子這些話，讀者們可以再次複習《左傳》魯昭侯二十九年的記事，因為我只是重申孔子反對人民的話而已。

第三單元

儒家言論與思想

第一個價值

三年之喪看孔子之道的「言語暴力」與「人身攻擊」

當孔子還在衛國過著喪家犬的流浪生涯之時，他因無法做官就顯得非常焦慮、煩悶、浮躁，絲毫沒有任何的溫、良、恭、儉、讓，反而動不動就用言語暴力怒罵學生跟老友們，甚至語帶人身攻擊。

沒官可做的孔子會呈現非常焦躁不安的態度，可從《孟子》〈滕文公下〉第十章的記載獲得證實：「孔子三月無君則惶惶如也。」這句話是說孔子三個月沒當官，就會因沒有君王可奉為主子，變得像熱鍋上螞蟻一樣的心亂慌張。

孔子被歷代儒家讚譽是一個把整個世界興衰的重擔，扛在自己肩上的大聖人，但真實歷史裡的孔子所展現出來的生命力，竟是如此乾癟、枯澀，而且越老越嚴重，所以至聖先師越老就越常使用言語暴力。

有一天，孔門子弟裡面最擅長談說辯論的宰予進堂見孔子。

其實宰予不僅善於辯論，依據《論語》〈陽貨〉第二十一章的故事，他還是個「以考倒老師為快樂之本」的天才學生。我們藉著這個故事才能知道為什麼口才已經非常好的端木賜，在儒家談辯的排行榜裡只能屈居第二，因為第一名是宰予。

宰予跟端木賜的差別，在於端木賜的口才只能套出孔子的想法，但宰予的雄辯卻能逼著孔子去反省儒家思想的致命錯誤。

宰予問孔子：父母死要遵守三年喪期，實在太久了，因為君子在這三年喪期內無法為禮，禮必壞；君子在三年喪期內無法為樂，樂必崩。所以我宰予主張父母的喪期改為一年就夠了。

現代人的喪期很少超過七七四十九天，在守喪期間還得工作、上班，除此之外，守喪時不強求任何人吃素，所以我們很難體會三年之喪有什麼好爭吵的。

但是依據儒家經典《儀禮》〈喪服〉，儒家的道德價值觀強迫每一個人在守喪期間，要每天痛哭到靠著杖子支撐才可站立的程度，因為喪期一開始就要晝夜不停地哭泣表示哀傷，然後只能喝粥，不准吃肉喝酒。這種日子要過完整整十三天才可以吃素，但仍得時常哀哭表示悲傷。

這種慘絕人寰的生活得過滿二十五個月，才算是服完儒家強迫性規定的三年喪期。服完這種三年之喪，那個人就算不剩半條命也哭到歇斯底里又語無倫次了。

萬一儒家的父母沒有同時歸天，這種整人的玩意還得再來一次……

孔子呀，你不能因為自己的父親早死就如此糟蹋天下的人呀！

堅持必須如此服喪的孔子，反問宰予：守喪才剛滿一年，就開始大吃大喝又穿華麗的衣服出去遊玩，你能夠心安嗎？

宰予回道：心安呀，都已經每日哀哭又吃素過了一整年了，為什麼還會心不安呢？更何況傳聞至聖先師您也沒有為母親跟長子守喪三年呀！

師生之間的整段對話，展現了宰予辯論技巧的幾個特點：宰予既然是孔子的學生，他洞悉孔子慣用「答非所問、轉移焦點」的伎倆，於是宰予便用兩難法讓孔子陷入進不得、退不是的困境，藉以逼出孔子內心最重要的價值觀，讓孔子不得再顧左右而言他，模糊了問題的焦點。

這個兩難法就是：若孔子能夠堅持實踐周禮制度的理想，就應該認為避免整個周禮制度崩壞比較重要，如此一來，孔子就會贊同宰予所提出縮短喪期的建議。

但孔子若是堅守三年之喪，縱使因此而使禮壞樂崩也無所謂，就證明孔子是一個因小失大的白癡，因為禮樂是整個周禮制度的核心，而三年之喪只是周禮制度的一個形式禮儀而已；不然的話，現代人（包括當代儒家分子），還有誰仍遵照儒家經典《儀禮》的方式在守著三年之喪？

像宰予這種以考倒老師為快樂之本的天才學生，他提出這問題的目的，就是在考驗孔子能否言行一致，並且確認孔子能否清楚地掌握哪一個社會規範才是更高的價值觀。

經過宰予這麼一逼問，孔子的回覆證明了他在價值觀的取捨方面，果然是因小失大、得不償失，所以才會導致終生一事無成，因為孔子竟然堅持會導致禮壞樂崩的三年之喪！

孔子不僅選錯價值觀而已，他更惱羞成怒地用言語暴力斥責宰予。

「你心安就去守一年之喪吧！要知道君子遵守父母三年喪期，是因哀傷悲痛到吃任何東西都沒有味覺，聽到任何音樂也不會感到快樂，在家裡也若有所失，所以才把喪期定為三年。現在你既然覺得心安，就去做吧！」

聽到孔子斥罵，宰予放下一句話後，立刻起身就走出去，「孔夫子，讓我宰予向您報告一個絕對會讓您吐血的事實。二十一世紀的華人才守喪不到七七四十九天，而且還不需每天哭泣，也不用吃素，但未來的人類沒有一個人會因此而感到心不安的！」

孔子繼續狂怒地破口大罵。

「宰予，你真是個沒有感恩心的無情之人呀。人一生下來要三年才能離開父母的懷裡，所以父母死亡要守三年之喪，這是天下人人都應通用的喪期。宰予，難道你父母在你小時候沒有付出任何三年的關愛嗎？」

孔子在講這些話的時候，應該沒想到二十世紀的儒家都沒有守三年之喪，不知現代儒家們要如何去面對孔子？

儒家知識分子們，孔子大聖人在罵你們是小人呀！

從古至今沒有人要守三年之喪這個違反人性的整人規範，近代大儒梁漱溟、唐君毅、牟宗三等人，在孔子的眼裡也是不守三年之喪的小人。

除此之外，孔子還翻舊帳，抓住宰予的私人生活習慣（白天睡覺）當作小辮子而大作文章，以此為由破口大罵宰予是狗屎牛糞（註一）塗抹的牆壁！

當我們聽到孔子竟然用這麼不堪入耳的「言語暴力」羞辱自己的學生，驚覺「至聖先師」的特權就是可以大罵學生們是牛糞、狗屎，也難怪獎勵儒家思想國家的教師們都敢羞辱自己的學生。

不信的話，我們可舉個最近才發生的例子。依據蘋果日報二〇二〇年十二月十一日的A10版新聞，台北市立大學的附設小學，有一名林姓老師用言語暴力霸凌學生。據稱他對班上小學生說：「那麼笨的人，要不要到特教班上課。」

「特教班」是指生理或心理有顯著障礙而需特殊教育的班級。

若以孔子痛罵學生是狗屎牛糞之牆的層級去看，那位老師辱罵小學生的程度遠遠不及至聖先師孔夫子的尖酸刻薄。

充斥言語暴力的《論語》依然盛行在教育體系內，我們又如何苛責中華民國的老師們不准對學生施加言語霸凌？畢竟孔子是值得人人效法的至聖先師，不是嗎？

除了侮辱宰予之外，常看到孔子在《論語》裡痛罵自己從小到大的朋友（原壤）是一個「老而不死的賊」（註二）；孔子還罵想學耕作的樊須是「小人」；連手捏人形陶俑的工匠都被孔子詛咒他們會「絕子絕孫」。

斥責他人是可以，但像孔子這種帶有人身攻擊的言語暴力就絕對不行！儒家第二號聖人孟子也不甘示弱，價值觀跟他不同的墨家，孟子就汙衊墨家是「無父禽獸」。

孔子跟孟子是儒家第一號跟第二號大聖人，但兩人卻動不動就用「言語暴力」羞辱親友與學生，以及汙衊跟他們不同價值觀的人，這為中華民國所有的老師們樹立了什麼樣的「典範」行為？

像孔子這樣無時不刻施展言語暴力跟人身攻擊，不知儒家分子們仍持續宣揚《論語》這本書之時，是否感到「心安」？

孔子除了三不五時就施展言語暴力之外，宰予跟孔子的爭辯，也證明了每一個人的內在價值觀並非完全一樣。我們覺得心安的事情，孔子深感不安；而孔子覺得非常心安的事情，我們反而覺得大大不安。

孔門師生之間的爭議對現代人而言，最重要的是三年之喪的爭執，證明了儒家從孔子開始就呈現另一個嚴重的錯誤示範，導致兩千多年下來，歷代儒家分子都效法孔子這個嚴重的錯誤行為。

那個嚴重的錯誤示範就是：針對任何行為規範的爭論，孔子加入了個人主觀感受的因素，導致行為規範的內涵被孔子給主觀化。而主觀化行為規範的嚴重後果，就是這麼做會導致任何有關價值衝突的處理方式，從原本的「對事不對人」變成「對人不對事」的「人身攻擊」！

現代人解決價值觀衝突的首要之務就是「客觀化」爭議，也就是盡量排除個人主觀上原有的偏見跟既有的道德意識，然後找尋主觀因素之外的共同點，逐漸建立起客觀的普世價值。

但孔子的儒家之道卻剛好相反！

一開始宰予只是認為三年喪期太長，所以主張縮短為一年；到最後卻變成孔子認為宰予僅過一年的喪期，就敢心安地吃喝，完全不符合孔子個人的主觀道德感受，因此他破口大罵宰予是一個如同牛糞狗屎的不仁之徒，導致整個議題淪落為意氣用事的人身攻擊。

孔子跟儒家常把客觀上的爭議搞成無法化解的主觀意氣鬥爭，這種戲碼在儒家中國的歷史裡一再上演：後劉漢皇朝的「黨錮之禍」、李唐皇朝的「牛李黨爭」、趙宋皇朝的「新舊黨爭」以及朱明皇朝的「東林黨爭」等等，儒家中國每一次的政治鬥爭，都讓我們看到孔子陰沉的黑影！

第二個價值

當「己所不欲，勿施於人」遇到了人性本賤

我們看了歷史上真實孔子的許多實際作為之後，可以回頭再聽孔子嘴巴所講的倫理道德，特別是被現代儒家尊奉為金科玉律的「己所不欲，勿施於人」。

「己所不欲，勿施於人」這個儒家最高規範的「孔子之道」，若遇上人性醜陋面的話，兩者會蹦出什麼樣的火花？

話說孔子在「教導」（誤導？）那一票年紀小他四十多歲的孫子輩學生。

冉雍比孔子還小二十九歲，所以他是幫助孔子「教導」年輕子弟的助教。據說他的長相看起來像是統治階級的貴族，因為他天生有著好似國君的威儀神態，所以光靠外表就可以引人注意，孔子常常稱讚冉雍是一個看起來像國君的人。

其實從《論語》以及儒家史籍（例如《史記》），即可看出孔子是非常重視外

表的。也因如此，孔子一開始冷落甚至鄙視長相醜陋的澹台滅明（子羽），才會有「以貌取人，失之子羽」的話。

跟孔子那種以貌取人的行徑相反，耶穌基督的弟弟聖雅各提到「若依據外貌對待人，就是違反摩西頒布的誡律」（註三）。由此可見「不應以貌取人」的智慧，在古代中國還只是疲軟無力的道德勸說，在猶太文化已是必須遵守的嚴謹誡律了。

有一天許多年輕學弟跑來請教冉雍，因為他們聽聞孔子教過許多次什麼是「仁」，但孔子每次都是即興演出地講著不同的內容，從來沒有給過清楚又一致的定義，讓人可以全面適用到實際生活所需的人際關係。

在此我們得提醒讀者另一個儒家思想的嚴重缺失：對於重要價值觀的內涵，儒家從來就無能給出一個明確的定義，導致每一個學過儒家思想的人，對該價值的主觀認知可能都不一樣。

因為孔子教過顏回、樊須以及顓孫師（子張）什麼是「仁」，但孔子給的答案卻是「仁」可以是「克己復禮」，「仁」可以是「愛人」，「仁」可以是「恭、寬、信、敏、惠」。

結果同樣一個「仁」，答案卻可以五花八門，因為儒家跟孔子無能提供一個清晰的定義，所以冉雍雖聽過孔子講了很多次，但他卻仍不清楚「仁」的內涵到底是什麼。

冉雍只好帶領那一票年輕的學弟們來到孔子面前，再次請孔子說清楚、講明白什麼是「仁」，這就是《論語》〈顏淵〉第二章的故事。

冉雍提出問題：「孔夫子呀，能否煩請您再次說明什麼是『仁』呀？」

孔子擺出一臉不高興的神態，不是已經講過很多遍了嗎？你們這些學生到底有沒有在聽我孔子所教的內容？

可惜孔子從來就不會反省是自己思辨能力不夠清晰，所以才沒辦法定義清楚什麼是「仁」。

讀過柏拉圖或亞里斯多德（Aristotle）著作的人都知道，希臘文化非常強調在討論事情之前，應先定義哲理的內涵，以免造成「同詞異義」的嚴重結果，這是中西雙方從古代就有了不同的學問態度。

孔子看著一票年輕的子弟們，說道：「你們都好好聽著，我這次會詳細地解釋什麼是仁，以後不要再問同樣的問題了。」

年輕的子弟們聽了很高興，孔子竟然願意將一個倫理道德的概念定義清楚、說個明白。

「仁是什麼？『出門如見大賓』就是仁。」孔大聖人開示囉！

每一位孔門子弟雖然很想擺出滿臉的疑惑跟訝異，但都強忍住自己的情緒，反而故作恍然大悟的表情。結果孔子就誤以為大家都很滿意，於是一口氣講出下面幾個對「仁」的說明。

「使民如承大祭是『仁』。」眾位孔門子弟猛點頭。

「在邦無怨就是『仁』。」孔門子弟們狂點頭。

「在家無怨也是『仁』。」子弟們再三點頭。

「己所不欲，勿施於人……」孔子停下來看著諸位儒家子弟，眾人晃頭楞腦地齊聲高喊：「還是『仁』！」

但是親愛的讀者們，您們也已從孔子這幾個「即興演出的解釋」，清楚地理解什麼才是「仁」了嗎？

容許我們再次重申：因為儒家無能去定義清楚任何一個道德概念，導致每個人對名稱相同的倫理價值觀，卻有了完全不一樣的主觀理解。於是有幾個二十一世紀的孔門子弟覺得「己所不欲，勿施於人」聽起來總覺得怪怪的，以下是他們的對話。

「孔夫子說『己所不欲，勿施於人』的意思，就是自己不喜歡的事情不要強迫別人做；也不應把自己不要的事情，卻讓它發生在別人身上。」

「對呀，自己不喜歡、自己不想要、自己討厭、自己痛恨的事情，都不應該把那樣的事情加諸在別人身上。」

「若真是如此，這下糟了！」那人突然做出大事不妙的表情。

「什麼糟了？『己所不欲，勿施於人』是孔夫子著名的格言，被現代儒家捧為最高準則，怎麼會糟了呢？」另一個人急忙地問。

「因為這一句話忽略了人性本『賤』的殘酷事實。唉，如同韋政通（註四）所說的，儒家只注重性善的一面，所以儒家對人性醜陋的體會真的很幼稚，導致儒家想出來的倫理道德都很膚淺！」

「何以見得人性本『賤』跟孔子這一句金科玉律的關係？」

「人性本『賤』！而且是『賤可賤，非常賤』！」

「所以呢？」

「依據人性本賤的原理來看，所謂的『己所不欲，勿施於人』就是『我（孔子）見不得別人比我好，絕對不讓他們比我（孔子）行！』」

「咦，我怎麼從來都沒有這樣想過？喔，這下子我懂了，原來『己所不欲，勿施於人』就是我（孔子）討厭別人比我聰明、我（孔子）不想要別人比我有錢，所以通通都不能讓別人比我（孔子）聰明，也不能讓別人比我（孔子）富有！」

「沒錯，我（孔子）最痛恨百姓們想要跟統治階級平起平坐，所以絕對不能讓人民產生那樣的妄想！」

「原來『我見不得別人比我好，絕對不讓他們比我行』才是『己所不欲，勿施於人』的真諦！」

各位看官們，只要遇上人性醜陋跟邪惡的一面，整套儒家思想就馬上轉化成魔鬼的教條。當代儒家韋政通說的沒錯，儒家思想的確是幼稚又膚淺，因為孔孟僅靠著性善論就建構儒家倫理道德，完全忽視人性邪惡的一面，這跟遵奉耶穌為神的宗教完全不同，因為他們是以性惡為出發點。

連現代儒家最推崇的金科玉律：「己所不欲，勿施於人」，都有其狹隘的片面性進而產生嚴重的缺陷，更別說儒家其他的倫理道德了。儒家思想欠缺對人性醜陋面的認識跟體悟，導致所謂的「孔子之道」永遠都只是半調子，因為僅具單面價值的孔仁孟義，就只能是虛仁假義而已。

這也是此書沒有繁瑣地逐條批判《論語》每個「金句」，而是透過真實歷史記載的分析跟論述，單刀直入地批判孔子的品德與人格的原因。

會採取這個進路的寫法，是因為儒家的倫理道德根本不值得看官們浪費寶貴的時間去學習。

不信的話，我們可以隨便再舉一例做為儒家思想有著偏激殘缺性的證明。

「子不語怪、力、亂、神」的思想其實是嚴重的謬論，分析如下：跟儒家不一樣就是「怪」，比儒家更強大的就是「力」，與儒家有著不同的價值觀就是

「亂」、超越儒家能理解的就是「神」！

假使我們接受了儒家思想，那麼與我們不一樣的民族就批評他們奇怪；比我們富強的國家就斥責他們是用武力稱霸；跟我們不同價值觀的文化就嘲笑他們是淫亂；超越我們所能理解的宗教信仰就覺得是連篇的鬼話！

您還是不信？您依然覺得這一切都是寫這本書的死老頭在以偏概全？

好，沒問題，我們再舉一例。

孔子的精神被歷代儒家推崇是「知其不可而為之」，這也是儒家自我標榜的精神。依據「人性本賤」的真理，儒家遵奉「知其不可而為之」的片面性與殘缺性，其實就是：「明知不可以殺人，但仍要知其不可而殺之！」

少正卯、岳飛以及獲得歷代中國人民支持的忠義之士，都是不可以殺的國家棟梁跟社會菁英，但哪一個不是被飽讀孔門經典的儒家官員所謀殺？

有如此嚴重缺陷的儒家思想，依據《墨子》〈公孟〉的記載，戰國初期的儒家分子，已經開始四處宣揚孔子有資格接受禪讓並登基為天子，因為儒家分子都認為孔子的思想足以成為世人的言行典範。

華人圈內可以窩裡捧儒家好棒棒，但是歐美文明圈是如何看待儒家？

其實不僅古代中國的墨家對儒家孔子提出嚴厲的批判，近代歐洲的黑格爾於一八二五年到一八三〇年之間，在普魯士首都（柏林）講授歷史哲學的課堂裡，也對孔子以及《論語》做出毫不客氣的批評，讓我們再複習一次黑格爾批判儒家孔子的內容如下：

「我們（黑格爾與歐洲讀者）看到孔子和他弟子們的談話（論語），裡面所講的是一種常識道德，這種常識道德我們在哪裡都看得到，在任何一個民族裡都找得到，甚至比（論語）更好。（論語）是毫不出色的東西，孔丘只是一個實際的世間智者，在孔丘的書籍裡，思辨的哲學是一點也沒有的。

「（論語）只有一些良善、老辣的道德教訓，從（論語）裡面我們不能獲得什麼特殊的東西。西塞羅（Cicero）留給我們的《政治義務論》（*De Officiis; On Duties*）便是一本道德教訓的書，比孔丘所有寫過的書籍之內容更加豐富，而且還更好！我們根據孔丘的原著可以斷言：為了保持孔丘的名聲，假使他的書籍從來不曾有過翻譯，那反而是更好的事情。」

看得出來黑格爾除了批判孔子與《論語》之外，還用了極盡揶揄、嘲諷跟不屑的口吻提出質疑：為什麼像孔子這樣的貨色，竟然是中國的第一號聖人？這就是歐美理性主義時代的思想最高峰，黑格爾，讀過《論語》跟儒家書籍之後的心得；這也是為什麼黑格爾「膽敢」瞧不起儒家中國文化的主因！

接下來就是這本書的第二部〈攻詰儒家之錯的他山之石〉。

第二部的內容都是透過其他民族價值觀的簡略淺介，去對比儒家孔孟思想的價值觀；書中精簡地敘述其他文化的宗教與政治思想。

相信這樣的簡略比較，將有助於您更進一步了解黑格爾為何敢說《論語》裡面所講的言論都只是道德教條，儒家的道德教條在任何一個民族裡都找得到，而且絕對比《論語》更好！

註一：「糞土之牆不可杇也」，參考《論語》〈公冶長〉第九章。

註二：《論語》〈憲問〉第四十三章。

註三：《新約聖經》〈雅各書〉第二章第九節。

註四：儒家思想對人性醜陋面的幼稚看法，以及對人生苦難有著膚淺的體會，請參考《儒家與現代化》，頁三—四、頁七、頁一二，韋政通，水牛圖書出版事業，一九九七年四月再版二刷；以及《思想的探險》，頁七七—八三，韋政通，正中書局，一九九四年二月。

第二部

攻詰儒家之錯的他山之石

這本書的第一部〈我們被騙了！〉，提出被歷代儒家刻意不對外揭露的孔子史實，讓我們再快速瀏覽一次先前所提過的部分史蹟：

依據《左傳》、《國語》、《史記》等儒家經典史籍的內容，孔子年輕時極力主張要把輕慢統治階級的人民用猛刑加以摧殘，而這些猛刑包含對百姓們施加劓鼻、閹屌、砍腳的周禮酷刑。

還有，孔子壯年時期竭盡一切手段也要遏止人民主體意識的覺醒，甚至不惜為此而謀殺頗得民心的少正卯。壯年的孔子更為了實踐「孔子之道」而推行墮三都，結果引爆魯國內戰。

當然還有最令人髮指的行徑：年老的孔子在嚴重的飢荒時期，竟然再三教唆魯國當政者發動侵掠戰爭，去攻打齊國的陳成子！

對於孔子這樣的人，我們應該直稱他的本名而不需再用尊稱了，個人認為他真的不配得任何尊銜。

此書的第二部，讓我們跳開儒家孔丘這些「混亂」的思想，去看其他民族的價值觀，藉以獲得能夠「攻詰儒家錯誤價值觀的他山之石」。

下面是第二部內容的簡介：

一、美國國父是小人?!學習耕作就是小人？

針對孔丘痛罵想學習耕作的樊須是小人，我們借鏡美國國父華盛頓的例子，來對照儒家知識分子貶低農耕技術的嚴重後果。

孔丘對待農業技術無知又傲慢的態度所造成的嚴重後果，就是歷代中國雖然以農立國，但農業技術並不發達，導致產量僅能勉強自足，人口一多就開始因缺糧而動盪不安。

儒家思想欠缺科學概念，因此不懂農業技術是非常艱難的科學，農業涉及人類糧食產量的關鍵科技難題：如何提升葉綠素光合作用的效率。歐美白人對於如何提升農耕技術的態度跟價值觀，是歐美農業技術遠遠超過華人世界的關鍵因素。

二、逃亡或殉道的抉擇

作為逃亡或殉道之抉擇的對比，相較於孔丘政變失敗而逃亡，我們在此參照蘇格拉底（Socrates）為什麼拒絕逃離雅典而寧受死刑：對一個被稱為聖賢的人而言，當「行道」可能要「殺身成仁、捨生取義」才有辦法貫徹理想之時，聖人的實際行動應該選擇殉道或是趕緊逃亡？

三、偉大的祖國雅典：Pericles紀念英勇將士的宣言

縱使是二十一世紀，絕大多數的華人依然用儒家思想去看待號稱禮樂之邦的魯國，認為魯國是一個敦厚、純樸的理想國。那麼跟魯國同一時代的雅典呢？雅典人如何看待自己的國家？雅典跟魯國能否相比？

在此我們引用一篇紀念雅典英勇將士的宣言（弔文），這是雅典與斯巴達爭霸戰第一年結束之時（紀元前四三〇年），由雅典第一公民（執政官）伯里克里斯

（Pericles）對雅典公民們宣讀的。

演講內容展現了雅典人那種自信而不自傲，恢弘又豁達的胸襟，以及為什麼雅典人熱愛自己祖國的原因。看完之後，身為台灣人的我們可以比較一下魯國曲阜跟希臘雅典的差別，作為我們選擇價值觀的依據。

四、試煉與苦難的比較：釋迦牟尼

介紹釋迦牟尼是為了拿他與孔丘做個對比。釋迦牟尼為了尋求真理而放棄政治權力與榮華富貴，但孔丘的一生卻汲汲於獲得當官的機會。

釋迦牟尼開始尋道之後，每天清心寡慾並過著如同乞丐般的苦行生活，但依照《論語》〈鄉黨〉的敘述，孔丘卻過著酒肉不嫌多、音樂奏不停的享樂主義人生。

除此之外，我們也藉機比較一下孔丘一生最兇險的「陳蔡之厄」，與釋迦牟尼為了求道與悟道而自願苦行的經歷。

五、印度佛教對儒家中國的感化力

這裡的比較議題將包含兩個不同的部分。

（一）中國和尚受到印度佛教的感化之後，所展現出驚人的毅力與實踐力

佛法內容博大精深，但對我們而言，最重要的是佛教對世人產生了哪一些強大的感化力。透過慧遠、法顯、玄奘與鑑真四位法師的例子，讓我們了解寧死也要悟道跟行道的釋迦牟尼，他對古代中國人產生什麼程度的教化與感化力量！

（二）印度佛教與中國儒家的政治教化力：阿修卡大帝（阿育王）與漢武帝

佛教除了對信徒們產生強大的實質感化力之外，藉著阿修卡大帝（阿育王）的故事以及他的詔令（Ashoka Edicts），看他如何從殺人魔王，因著皈依佛法以及順從佛教的教化，讓他蛻變成一個立志懺悔贖罪的模範帝王。

我們也藉著阿修卡大帝去對比罷黜百家的漢武帝，看他獨尊儒術之後，儒家思想對漢武帝產生了多少教化跟感化的力量。

六、暴王列傳：儒家「親親相隱」付諸實踐之後所發生慘絕人寰的教化力

因為儒家知識分子宣傳孔丘跟儒家思想有著極強的教化與感化力量，讓我們藉由儒家孔丘倡導的「楚父攘羊」，還有孟子的「舜父殺人」之「親親相隱」（註一）的價值觀衝突，透過《漢書》去看幾位殘暴親王做出令人髮指的行徑，卻完全不需遭受任何懲罰，藉以證明儒家「親親相隱」付諸實踐之後，會產生多麼慘絕人寰的教化力！

這裡所收列的漢朝暴王名單如下：

（一）強迫宮女作人獸交的江都王劉建。

（二）用椓杙插入美女陰道，再把美女的鼻、唇、舌割掉的廣川王劉去。

（三）寵愛美少男又把他殺死的膠西王劉端。

（四）逼死奴婢到陰間當醫生的趙王劉元。

一、美國國父是小人?!學習耕作就是小人?

《論語》〈子路〉第四章提到樊須（子遲）再三請孔丘教導他如何種植糧食跟蔬菜，卻被孔丘斥罵為「小人」，因為孔丘以及歷代儒家分子都認為樊須不先把儒家思想的周禮孔仁學好再去當官，反而想學習耕作等專業技術，就是放棄成為一個國家的價值承擔者（註二）而去幹出小人的行徑。

若我們把《論語》裡的對話套在當時發生的實際情況，依據《左傳》與《春秋》所提到的史實，樊須很可能是因為魯國發生三次蝗災導致飢荒，所以想學習種植稻麥蔬菜，藉以增加糧食去解決人民的飢餓。

但我們在此討論的重點是耕植糧食、蔬菜的農業技術，真否如同孔丘所說的只是小人之技？學習耕作技術的人，就不夠資格稱得上是國家社會重責大任的承擔者嗎？

農夫與農業技術人才對社會的貢獻真的如此低下？二十一世紀已是把全世界都串成一個地球村的時代，他山之石可以攻錯，讓我們看看其他民族的最高領導人是如何看待農業技術。

念高中的時期，得知美國國父華盛頓擔任兩屆總統後辭官返鄉。但回到家鄉之後，有一件事情特別吸引他，並且投注了許多精力去做。

您可以猜猜看華盛頓不當總統之後所做的「大事」？

華盛頓返鄉後，極力宣揚仁義道德的重要性，所以四鄰萬邦就會像孔丘說的那樣揹著小孩子移居美國？或是華盛頓建議美國國會設立一個專門宣揚仁義道德的孔子學院？

華盛頓卸任之後最喜歡做的事情，您現在隨便上網查一下就知道了（註三）：跌破儒家的眼鏡，華盛頓回到老家之後，蒐集了許多農耕技術的書籍，專心投入農業種植的「小人」工作，因為他希望提高農作物的產量。

華盛頓被後世稱為美國國父，算是儒家分子眼裡的「太祖高皇帝」，絕對不可能是儒家所說的「小人」。若是美國也有儒家的話，華盛頓絕對是美國儒家分子要戰戰兢兢、畢恭畢敬的「大人」。

可是美國國父的首要興趣，竟然是孔丘眼裡那些不仁小人才會做的伎倆：從事農耕，生產糧食。儒家分子很難相信華盛頓竟然專心去做孔丘眼裡的小人之技。

儒家之所以敢看低農業技術，個人認為是因儒家思想不懂科學，所以兩千年下來，儒家仍然無法領悟農耕技術的重要性遠遠高過儒家的周禮孔仁。植物學（botany）已提到所有生命的食物來源：光合作用的重要性。

筆者的大學教授曾當著所有學生的面，鄭重地宣布任何一個想要拿諾貝爾獎的天才學生，可以花費一生的智慧與精力，用盡一切辦法去提高綠色植物進行光合作用的效率，特別是提升農作物的光合作用之效率。

因為農作物的葉綠素利用陽光的能量，把二氧化碳與氫氣轉化成碳水化合物的效率非常的低，三十多年前所得知的效率差不多只有百分之五左右；連汽車引擎利用石化燃料轉成動能的效率都可以高達百分之二十五以上，綠色植物利用陽光能量轉化成食物的效率真的非常低。

結果經過三十多年的科技進步，還是差不多在百分之五上下浮動！

想想看電信通訊與電子資訊產業，在過去三十內年是何等的突飛猛進，但是三十多年來，人類的科技依然無法提升農作物光合作用的效率。

任何一個農業科技天才若有辦法提升五穀蔬菜的光合作用效率，從百分之五增加一倍成為百分之十，那就等於是利用同樣的耕作面積，全球糧食產量可以增加一倍！反過來說，等於只需一半的耕地面積，就可以產出同樣數量的糧食！若同樣面積的糧食總量增加一倍，那就可以解決糧荒；若一半面積可以產出相同的產量，多出的土地可以挪去他用。

哪一個農學天才有辦法實踐儒家眼裡的「小人伎倆」，他們對人類文明的貢獻，絕對超過兩千年來儒家總和價值的一兆倍以上！

農耕技術絕對不像孔丘所痛罵的只是小人之技而已，農業科技是一門非常艱深的學問，而且是可拯救人類的重要學問，比所有的儒家價值都還珍貴！

若不拿其他民族的思想、言論和行為來比較，我們就無從得知儒家中國的價值觀是多麼的偏差與幼稚。

價值觀的選擇，不僅決定一個人的成敗，更是注定一個民族的興衰！

二、逃亡或殉道的抉擇

相較於孔丘「隳三都」政變失敗而逃亡，我們在此參照蘇格拉底拒絕逃離雅典而寧受死刑，作為逃亡或殉道之抉擇的對比：對一個被稱為聖賢的人而言，當「行道」必須「殺身成仁、捨生取義」才能突破實踐理想的困境，聖人應該選擇殉道或是趕緊逃亡？（註四）

在孔丘的人生中，到底他是忠於理想或貪戀榮華富貴，世人很難區分辨清楚。因為孔丘若真的熱愛周禮孔仁制度，在隳三都失敗之後，他卻沒有選擇留在禮樂之邦的魯國，反而逃亡到禮壞樂崩的外國，在新的國家裡汲汲於獲得新的官位，自以為可以復興周禮，所以孔丘跟蘇格拉底的選擇剛好是兩個強烈的對比。

歐美文明史上最有名的哲學家，蘇格拉底，透過打破砂鍋「逼問到底」的哲學方式，揭穿當時社會上一些有頭有臉的名人，竟然都只是繡花草包。

這些檯面上的權貴人物惱羞成怒，誣告他不敬虔雅典的神明以及敗壞雅典青年的思想，審判結果竟然宣判蘇格拉底死刑！

那一年是紀元前三九九年，戰國時代魏文侯四十七年以及楚悼王三年。八年後，楚悼王將重用文武全才的吳起，展開中國史上有名的變法。

蘇格拉底在審判的過程當中，做了非常精彩的答辯，但在此僅能介紹蘇格拉底被宣判死刑以及被囚禁後的事（註五）。他的好友們希望他能越獄逃走，而雅典政府也暗中透露蘇格拉底可以流亡海外，但他依然拒絕逃亡。

蘇格拉底為何寧死也不逃亡的理由，成就了《對話錄》流傳千古的盛名。讀者們可以對比孔丘在墮三都失敗之後，沒有選擇寧死也要留在號稱禮樂之邦的魯國，卻為了再次獲得利用統治者的機會，選擇流亡在禮壞樂崩的中原諸國長達十四年。

向讀者們介紹蘇格拉底拒絕逃亡的事蹟，除了讓我們去探究為何整個案件明明就是雅典城邦的錯誤，但他仍不願背叛雅典。蘇格拉底不願背叛雅典的理由很多，除了《對話錄》裡的這一篇之外，很可能也跟下一篇的故事有關。我們屆時會讀到號稱雅典第一公民的伯里克里斯，從他紀念英勇將士的宣言裡面，讓我們認識到雅典人如何看待他們自己的國家，更讓我們真正地了解蘇格拉底拒絕逃亡所實踐的意義何在。

筆者依據英文版蘇格拉底的《對話錄》（註六）自行翻譯並精簡地節錄與改寫如下：

蘇格拉底被判死刑之時，恰逢雅典城邦每年派遣朝聖船隊前往迪羅斯島（Delos），參加宗教儀式的盛典。依照習俗跟慣例，在一個月之內禁止處死任何人，必須等朝聖船隊返回雅典之後才能再執行死刑。

蘇格拉底的好友克里多（Crito）獲悉船隊已經渡過半島峽角（Cape Sunium in Attica），很可能再一天就會返抵雅典。他趕緊安排所有能夠協助蘇格拉底逃亡的接送人、資金以及海外藏匿居所，忙了一整夜再趕往監獄。

這時天才剛亮，過了很久蘇格拉底才醒來，並發覺克里多已經在牢內，兩人展開對話。

蘇：「克里多，現在不是很早嗎？你來多久了？」

克：「我來好一會了，不忍心吵醒你。看到你睡得這麼安穩，真是令人感到驚奇！」

蘇（略帶開玩笑的口吻）：「我已經七十歲了，到了這種年紀若還怨恨死亡的到來，反而會令人感到奇怪，不是嗎？」

克：「蘇格拉底，只有你才能辦得到。跟你同齡的人若遭到同樣的不幸，沒有不怨天尤人的。」

接下來，克里多把噩耗告訴蘇格拉底，若朝聖船確定今天抵達，明天他將會被處死！

但蘇格拉底對克里多說出他在醒來之前所做的一個夢。他在夢中得知朝聖船隊明天才會抵達，而他的死期會是後天。這種會讓任何人嚇醒的夢境，只有蘇格拉底還可以繼續安穩地沉睡夢鄉。

克里多認為不管僅剩幾天的寶貴機會，他竭力勸告蘇格拉底盡快逃離雅典，以免讓所有的好友喪失一位終生難得的摯友與導師。更何況，蘇格拉底的朋友都有足夠的財富跟能力幫助他逃亡。

克：「蘇格拉底呀，難道你是擔心若逃亡的話，會帶給我或其他好友們麻煩，導致我們被懲處高額的罰金嗎？若是如此，你真的放心，除了我們這一群老友之外，還有其他城邦富有的人，也都非常熱心地想要協助你逃出雅典，每一個人都願意為你擔下這些風險，更樂意用自己的財富來拯救像你這麼偉大的智者！」

蘇：「克里多，你說的沒錯，我確實考慮過逃亡的後果，將使你們這些協助我逃亡但不得不繼續留在雅典的親朋好友們，面臨雅典政府的處罰……」

克里多覺得友情因素好像讓蘇格拉底動搖了，趕緊再施展出親情的攻勢。

克：「蘇格拉底，若你不逃亡的話，我覺得那是錯誤的行為。想想看你的兒子們年紀都還很小，他們都很需要你在身邊陪他們一起成長。若你被處死，他們就成了沒有父親的孤兒了。

「為何你要放棄繼續活下去的寶貴機會，而讓仇視你的人如願以償？假使我們沒有盡力來幫助你逃獄，那是我們懦弱無能。但現在有這麼多人不懼危險，更不在乎花費多少金錢都非常樂意幫你。

「為何要讓全世界最荒謬的判決終結你最寶貴的人生呢？蘇格拉底，讓我再次懇求你，聽我們的勸告，因為這已是最後的機會了。」

克里多臉上充滿了急迫的焦慮與恐慌，好像要被處死的人是自己。

蘇格拉底的表情與態度依然展現他一貫的安穩、祥和。

蘇：「我親愛的摯友克里多，別太過六神無主。讓我們理智地檢視應該如何選擇出正確的做法。你也知道我只接受經反思後所能證立的最好論點。

「也因如此，我一生信奉的行事準則，依然不變：除非任何人能夠提出更好的觀點與看法來說服我；若無法提出更合理、更具智慧的觀點，那就別想用監禁、死刑或沒收財產等嚇唬小孩的方式，強迫我蘇格拉底放棄終生奉行的原則。

「現在就來探討我所奉行的準則，是否放諸四海皆能適用，或是不適用於現在這個情況。

「首先，讓我們確認：人生在世，是應該尊奉所有人的意見，或僅需聽從智者的看法？讓我舉個例子，一個想要健身的人，應該接受任何人的建議，或只是遵守健身教練的指示？」

克：「一個人要健身，當然只應遵守教練的指示，而不是接受任何人不專業的意見，否則的話，反而會傷害到自己的身體。」

蘇：「確實如此，針對如何健身，我們無法隨便聽從所有人的看法。而我們抉擇對與錯、善與惡、是與非，應該也是如此。

「假使有一個人能夠真正地分辨對錯、善惡以及是非，那我們就應該奉行他的教導，而不是道聽塗說、隨意接受任何人的指點，以免我們能夠分辨正義的智能遭到混淆、汙染，進而誤入歧途，錯誤地做出不義的事情。更何況人類能夠分辨是非、善惡的能力，遠遠比其他的身體功能更重要。」

克：「沒錯，的確是這樣的，只應該聽從真正智者的教誨。」

蘇：「我敬愛的摯友，還記得我們共有的原則：人生在世最重要的事情，是要活出正義，而非在意生命的長短。」

克里多點點頭。

蘇：「若是如此，那我們就應該檢視你的建議是否符合正義。若逕自逃走的行為是符合正義，我便接受你的建議趕緊逃離雅典；但若你的建議不符合正義，我們應該一起放棄這樣的想法。

「你提出我應該逃亡的幾個理由，不論是照顧下一代、維護名聲或是守住財富等考量，都不是研判一個抉擇是否正義的因素。

「我們應該著重在討論逃離雅典這件事情本身是否符合正義。我們現在就開始探討這議題，你若有任何不同的意見或更正確的看法，請隨時打斷我的論述。」

克里多再次點頭。

蘇：「還記得我們這些好友們所認同的原則：一個人在任何情況之下，都不應做出違反原則的事情（註七）。雖然絕大多數人都主張以直報怨、以牙還牙，但我們一直堅信縱使別人對我們做出壞事，我們也不應報復。」

克：「沒錯，這些原則是我們的共識。」

蘇：「既然我們都堅持這些原則，所以我們不應該以直還直、以牙還牙地報復別人帶給我們的傷害。

「依據這樣的原則，難道只因雅典的判決嚴重地傷害了我，我們就可以逕自宣布雅典公民裁定的判決是不義的，所以我們拒絕接受？若是如此，雅典同胞們豈不是要斥責我們破壞了由全體公民所做出的判決？更糟糕的是，若每一個人都可以不服從全體公民所制定的法律或裁決，雅典城邦又如何繼續維持下去呢？」

克里多實在是想回拒這些問題，但又找不出任何反駁的理由。

蘇格拉底繼續說道：「克里多呀，你想想，咱們的祖國，雅典城邦，不僅讓每一個公民參與國家大事，還讓公民們透過投票去制定法律。除了讓我們自由地參與國政，雅典還恩養了我們的列祖列宗，並且從小提供教育給每一個人。若說任何人悖逆父母是不敬虔的話，那麼背叛自由的祖國豈不是更糟糕？

「雅典有個不成文的規定，任何一個公民若是不滿雅典城邦的政治，就可以自由地離開，想去哪邊定居就去哪裡住下來，雅典政府從來不阻止任何人外移。

「一個公民若持續地住在雅典，就代表他同意接受雅典政府的管理，那麼他就應該順從由全體公民制定的法律，以及雅典政府所執行的措施。

「我七十年來都沒有搬離雅典，代表我非常滿意雅典所賜予的一切。克里多呀，若雅典公民們所制定的法律控訴我，指責我違背七十年來對雅典所做出的承諾，我要如何回應？假使我不滿雅典的話，我怎麼會在此生下兒子，並讓下一代在此成長？

「既然我滿意雅典的一切，接受雅典城邦所提供的一切，又為何要用違反全體公民意志的手段去摧毀雅典呢？

「雅典的法律之神會斥責我，為何在審判的過程中，我說出寧願一死也堅決不接受被放逐的懲罰（因為接受放逐等於承認有罪了）。既然不接受全體公民所提出的放逐選項，現在又為何要用破壞公民總意志所制定的判決而逃亡國外呢？

「哪一個城邦能夠忍受任由一個人破壞全體公民所做的裁決？

「縱使成功地逃亡到國外，接納我（蘇格拉底）的國家難道不會把我視為城邦的公敵，因為我破壞了雅典城邦的法律？

「更何況為了逃亡而破壞人民所制定的規範，豈不證明了控訴我的那一票人是正確的，因為他們指摘我汙染了年輕人的思想，而一個破壞民主法律制度的人，不正是給年輕人立下一個最壞的示範？（註八）」

各位看官，我們先請蘇格拉底在此歇息一下，稍微喝口水。我們必須反思蘇格拉底以上這一整段的辯述，因為這些話實在太重要了。

個人覺得光是以上這段話，就已經勝過整本《論語》的道德教條了。

憑什麼蘇格拉底才講了一小段話就勝過整個儒家思想的精髓？

蘇格拉底願意順從雅典法律的理由（縱使這個法律要判他死刑），是因為雅典法律是經過全體公民的自由意志所制定，而蘇格拉底也都參與過這些法律的制定過程，所以蘇格拉底是在順從自己所訂定的法律，就如同康德（Kant）所說的，「自由」就是「自我立法、自我約束」，這才是所有規範的真正基礎！

但儒家孔丘所推崇的周禮制度跟儒家思想，卻僅只是由王、公、大人以及聖人們片面制定管理人民的統治工具，完全欠缺人民自由意志的選擇跟決定，導致整本《論語》跟所有儒家書籍的周禮孔仁，縱使真的那麼好聽或那麼好看，就永遠只能是統治階級用來鎮壓人民的統治工具！

體悟這一個非常重要的差別之後，趕緊再敦請蘇格拉底繼續他的論述，相信我們可以看到蘇格拉底臉上充滿喜獲知己的表情！

蘇：「若我不逃到其他希臘的城邦，而選擇逃到蠻荒的國度，那我以後如何跟他們相處呢？在蠻荒之國繼續散布我在雅典所宣揚的理想：人生最重要的事就是正義跟品德，還有遵守由全體公民所制定的法律？如此一來我還算是言行合一的人嗎？

「言行不合一的人，活著還有什麼意義呢？若為了苟活而破壞最重要的法律（因為是全體公民所制定），然後逃到蠻荒之國，這代表我是一個什麼樣的人？

「若是為了讓下一代有個活著的父親而選擇逃亡，那我是應該帶著兒子們一起逃到蠻荒之地，還是留他們在雅典而獨自逃亡？若帶他們到蠻荒國度，等於是把下一代變成野蠻人，那是一個好父親應該做的事嗎？若我一人單獨逃亡而留下兒子在雅典，這樣活著的父親跟死去的父親又有什麼兩樣？

「克里多，你說過我若逃到外國時，你願意照顧我的下一代，那麼我到了死後的國度，我拜託你也盡一切所能地養育我的下一代。」

蘇格拉底在此停住所講的話，望著克里多，眼裡充滿著託付孤子們的期待，而這時的克里多已經淚流滿面了，帶著極度悲傷的心情點頭，要讓蘇格拉底沒有後顧之憂地去實踐他終生的理想。

蘇：「我的摯友，克里多，基於我畢生所宣揚的理想，我無法選擇逃亡，但你若仍有可令我改變的理由，你就儘管說吧。」

克：「蘇格拉底，我已經想不出任何可以勸你改變心意的理由了。」

蘇：「就這樣吧，克里多，我相信神在引領我們如此做。」

三、偉大的祖國雅典：Pericles紀念英勇將士的宣言

這一篇紀念雅典英勇將士的宣言（悼念文），是雅典與斯巴達爭霸戰第一年結束之時（紀元前四三〇年），由雅典第一公民（執政官）伯里克里斯（Pericles）對雅典公民們宣讀的。

這一年的中國，已是墨子跟墨家子弟成功地阻止楚惠王侵掠宋國十多年後，也是蘇格拉底被迫自殺的三十年之前。伯里克里斯主政總共長達三十三年，號稱是雅典城邦的黃金時代，不論在政治、經濟、文化以及社會生活各方面，雅典堪稱世界第一！

蘇格拉底從九歲到四十二歲都是生長在伯里克里斯的統治之下，但他四十三歲之後卻經歷了愚民政治（demagogy）時期，以及雅典與斯巴達之間長達二十七年的爭霸戰（伯羅奔尼撒戰爭，紀元前四三一－前四〇四年）。

雅典最後被斯巴達打敗，而戰敗的主因是在兩國尚未分出勝負之前，雅典自以為勝利在握，竟然蠢笨地派兵遠征西西里島的敘拉古城邦，結果遠征軍全部覆沒。

這一個慘痛的軍事大敗，導致斯巴達趁機再次入侵，結果雅典被斯巴達徹底擊敗，喪失所有海外的殖民地跟盟邦，讓雅典從眾國崇拜跟景仰的霸主地位，一落千丈地淪為斯巴達的附庸。

伯羅奔尼撒戰爭結束那一年，蘇格拉底已經六十六歲。

因為伯里克里斯時代的雅典，可以說是近代民主國家建立之前，人類史上最自由跟最文明的國家。而蘇格拉底從少年到壯年時期都是活在雅典最輝煌的時代，他希望那一個由全國公民所統治的祖國，能夠再次展現它原有的榮光！所以蘇格拉底是抱持著不忍再破壞雅典榮耀的沉痛心情，甘心接受雅典公民大會所宣判的死刑。

現在就讓我們回到雅典黃金時代的末期，伯里克里斯統治的第三十一年（蘇格拉底約四十歲），伯羅奔尼撒戰爭第一年結束之時，他發表了一篇悼念陣亡將士的演說。

伯里克里斯宣言的主要內容，除了紀念跟斯巴達作戰而陣亡的英勇將士，更要鼓舞雅典的公民們，他們的祖國雅典城邦，是偉大而且無與倫比的。這場演說的內容是一篇光耀千古的宣言！

這篇紀念宣言後來成了歐美文明的重要政治文告，很多歐美白人在學時期也會讀到，是一篇相當精彩的政治演講。

讀者們可以感受一下在雅典人的眼裡，他們自己的祖國到底有多偉大。

更重要的是伯里克里斯的演講內容，可以幫助我們了解為什麼蘇格拉底願意遵從雅典城邦的死刑宣判，而不像孔丘那樣選擇逃亡：民主自由的祖國縱使一時犯錯，依然是這世界上最榮光、最偉大的政治制度，值得民主國度的子民們為之犧牲！

筆者依據企鵝出版社（Penguin Books）的《伯羅奔尼撒戰史》（註九），把同類事項放在一起做出簡要的摘錄。翻譯這一篇政治宣告之目的，是希望能藉此展現出演說者的氣勢，並讓閱讀中文的讀者們感受到伯里克里斯演講此宣言時，那股強大的渲染力。

我將之意譯及改寫（註十）如下：

首先，我，伯里克里斯，要讚美我們雅典人的列祖列宗，因為他們的勇氣跟品德，還有他們辛勞地付出自己的血汗，才能讓現場每一位雅典人生活在這個自由的國家！也因為祖宗們給了我們這樣的基礎，咱們祖國（雅典）的政府才可在承平時期以及戰爭期間，都能給公民們完美又無懈可擊的統治。

不同於以往的慣例，對這些英勇將士們的紀念，我想要長話短說。我的演說將著重在讓世人了解雅典人面臨試煉時，所展現出那種百折不撓的精神，以及祖國（雅典）憲政體制的概況，還有讓雅典人成為偉大民族的生活方式。最後我們將對陣亡將士致上崇高的敬意。

深信這次的演講，必能有益於全體公民跟所有在場的外國人。

雅典的政府體制，不僅不需要學習任何外邦政府的組織，恰恰相反，咱們祖國（雅典）的憲政體制乃是萬國萬邦所景仰的典範！因為我們的政制是民主政治，而「民主」不是讓一小撮人掌控整個國家，「民主」是由所有的公民一起掌握國家大權！

當同胞們彼此有了爭議，雅典的法律制度確保人人平等！

對於任何公共事務的處理，雅典人都遵守法律，因為由人民制定的法律，當然贏得所有人的尊敬；特別是保護被壓迫之弱勢族群的法律，更值得每一位雅典人遵從。

我們服從由雅典公民所推選出來之官員的領導。若一群人因承擔公眾事務的責任，必須在職權上區分高低，雅典不會依據社會階級去分配職務，而是憑藉個人才能的優劣去決定。

在雅典，任何一個公民只要有心從政，絕對不會因為貧窮而被邊緣化。

每一個雅典公民不僅專心在各自的私事，對國事也給予同樣的關注。縱使有雅典人的全部精力被私人事由所綁住，政府也會充分地告知他有關國務的發展狀況。

雅典還有一個與其他國家不同的特點：若有雅典人完全不關心國事，我們不認為那個人是專注在自己的本分，而會覺得那種人根本不配住在雅典！

對於公共政策，雅典的公民們可以自主決定，並且經過適當的辯論與協商再擬定國策；而其他國家常常發生最糟糕的情形，就是未經討論後果如何的政策，便直接付諸執行。

如同咱們雅典的政治制度是自由與開放的，雅典人的生活方式也是自由與開放的，並且對彼此的私生活予以包容。

雅典人不會因為鄰居過著特立獨行的生活方式，就相互冷眼看待，因為雅典人都知道鄙視他人雖不會造成現實上的財產毀損，但仍會傷害他們的情感。

工作之餘，雅典人還可以享受各式各樣的娛樂活動，一整年內也有各種不同的慶典、比賽。受到雅典城邦偉大盛譽的吸引，讓全天下的貨物都以雅典作為集散地，使我們享用異國美味跟特產，有如在地食品跟貨物那樣方便。

咱們雅典人喜愛美好的事物，但不因此而沉溺縱慾；我們也喜好智慧，但不會因此而變得軟弱。

對於雅典人而言，擁有財富的意義在於如何妥善使用，而不是拿去向他人炫耀。我們不認為貧窮的人應被恥笑，只有懶惰而不盡力擺脫窮困的人才是可恥的。

雅典人獨特之處，還在於我們不計利害得失，仍願施恩於眾；這種行為來自於我們天生慷慨的本性。

雅典與眾不同之處在於我們敢冒險，也懂得事前衡量風險。其他國家因無知而呈現莽撞之勇，但當他們意識到後果，便立即膽怯而不敢再行動。雅典人之所以勇敢，是因為我們確知什麼是人生的精華，哪些是人生的糟粕，所以才能義無反顧地為了保有美好事物而迎接任何挑戰。

拿祖國（雅典）跟敵國（斯巴達）相比，雙方就國防安全上有著顯著不同的價值觀。舉例來說，我們的城邦對全世界開放，不會害怕有人窺探出有利於敵的國防機密，就定期驅逐某些人離開雅典。

雅典之所以敢如此開誠布公，是因為雅典的靠山是人民的勇氣跟忠誠的愛國心，而不是仰賴祕密武器。

敵國培育下一代的教育系統也跟我們雅典不同。敵國的兵卒從小就遭受嚴酷又殘忍的訓練，而我們一輩子都過著安逸又輕鬆的人生。但是大難來時，雅典戰士們所展現出來的神勇絕對不遜於敵國！

容我在此舉一例證明：當斯巴達進攻我國時，若沒有其他國家陪同一起壯膽的話，他們就不敢踏出一步；而祖國雅典出擊的時候，都沒有任何盟國的協助，我們照樣氣猛膽壯！

雅典從來就不需全力以赴地攻打敵人，因為我們實在是太雄威剛強了！天生勇猛的雅典人，每一個都敢自告奮勇地迎接危險的挑戰，不像敵國必須用政府的強制力量逼出國民的膽量。這也是我們的城邦應受眾國景仰的地方！

全世界只有雅典才能做到這件事：被雅典所擊敗的敵人，光是回想他們膽敢在同一戰場與雄壯威武的雅典對抗，就足以使他們感到雖敗猶榮，而且不枉此生了！

不論什麼地方，海面或地上，只要是雅典人勇往進取的精神所到之處，都會留下雅典帶給友邦的恩惠以及重挫敵國的威望！

如同當代人仰慕雅典，深信未來的世代也會為雅典的輝煌成就而讚嘆！

綜合以上各項事實來看，我們的祖國，偉大的雅典，確實是足以成為教化各國的最好榜樣！

人類的智慧衡量不出雅典實際的榮光，縱使荷馬（Homer）復活也無法編織出足以形容雅典之宏偉的史詩。而我對祖國雅典的歌頌，每一句讚揚都是基於每一個不惜自我犧牲的英魂，就是他們無畏又無私的奉獻，雅典才有今天的偉大。

長眠於此的英勇將士們，沒有富人為了保有財產而怯於為國捐軀，也沒有窮人為了發財而逃避兵役。雅典的公民們，不論貧富，人人都知道戰死的危險，但為了打敗入侵的敵國，每一個人都把馬革裹屍當成光榮的偉業。為了消滅敵人，任何私事都可拋在腦後，戮力一切、奉公為先！

在場的每一個人都應該紀念這些先烈們，並把這件事情謹記在心：雅典人之所以能夠快樂地生活，是因為我們有自由；而我們能夠自由，是因為我們敢為了保衛自由而付出一切！

為了自由，而願意把英勇戰死做為人生的終點，是一種幸福！

「聽完」伯里克里斯的宣言，感覺好像是二十一世紀的民主自由台灣或是歐美民主國家的政治人物在演講，我們才能恍然大悟地了解到，原來兩千四百年前的雅典就已經有了這樣的境界，而蘇格拉底願意為這樣民主又自由的祖國而殉道，又把其他民族視為野蠻，就不是太奇怪的事情了，因為雅典的「現代性」確實遠遠超過當時任何一個民族。

當伯里克里斯發表這一篇政治宣言之時，魯國人民過著農奴般的生活，而儒家杏壇裡的年輕學子還晃頭楞腦地背誦著「民不可使知之」。

經過民主化的洗禮，台灣群眾對伯里克里斯演講內容的認同感，必然遠遠大於台灣人民對儒家中國主張「用猛使民殘」的認同。

雅典的偉大，除了它的民主制度之外，雅典人的社會價值觀與生活方式，更是深深影響了現代華人，我們可以簡單舉下面幾個例子：

（一）伯里克里斯在演說中特別提到「雅典人會包容鄰居的怪異行為」，這就是現代多元化價值的來源：我們應該包容而非斥責別人的怪力亂神，所以絕大多數的台灣人民不議論他人的自由作為。

包容別人的「怪、力、亂、神」，不是無感地漠視對方存在的冷傲，而是展現自己愛的力量，因為這種愛的力量造就我們不再用自己的道德價值去批判他人。

雅典自由民主的精神帶給現代人多元包容的價值觀，成全了他人也讓我們不再像儒家那樣自以為是，減少儒家中國常發生的情形：一旦意見衝突，就非要意氣用事地黨爭到亡國不可。

若我們還記得儒家君子叔向家族的悲劇，深信雅典的政客們不會因為換妻風波而慘遭滅族；現代台灣（中華民國）的任何一個政客，若發生換妻、亂倫、通姦、雜交趴亂搞，應該只會被人民拿來當成茶餘飯後的笑點而已，最多就是因此喪失職務，不會發生儒家中國那種滅族或是被斬殺的悲劇。

（二）健身習慣：整個台灣都可以看到健身房，不論是外國企業（World Gym）或是台灣本土品牌（健身工廠），許多台灣人都像古代雅典人那樣意識到「有了強健體魄才是發揮聰明才智的穩固基礎」。

健身房這種設施，是古代希臘流傳下來的。正因為雅典公民是國家主人，所以才會產生這些有利於平民百姓，但跟統治階級沒有切身利害的設施。

（三）愛國情操：孔丘從來不愛自己的國家，因為任何國家、任何叛臣賊子只要能賜官給孔丘，他就臣服！孔丘更不愛周天子，否則他也不敢做出許多僭越天子權限的非禮行為，例如我們多次提到的：孔丘未經天子批准就教唆魯哀侯侵掠齊國；沒有天子核可他就擅自寫《春秋》。

孔丘的一生只愛自己！

但是為何雅典人愛國，特別是蘇格拉底，寧願服從雅典城邦不公義的判決，也不逃亡？

答案可從伯里克里斯的宣言看出來，因為雅典民主自由，所以蘇格拉底願意為它而死，縱使民主自由的雅典犯了一時之錯。

生長在不自由、不民主的國家而展現「愛國」的情操，那是被殘暴的統治階級洗腦而自甘為奴。

只有生長在民主自由國家的人民，才能享受愛國的權利，更能行使愛國的權力。之所以會熱愛國家，是因為民主又自由的國家才能讓所有的國民實踐「自我立法、自我管理」的崇高理想。

（四）雅典的建築技術：希臘雅典的建築技術影響了人類的文明，不論是美國的國會大廈、台灣的總統府、中國的人民大會堂，都可以看到希臘建築的影子。但是魯國建築卻連個原始圖形都沒有留下來。

（五）除了政治之外，雅典城邦帶給全人類文明的其他偉大貢獻就是哲學與科學思想。而雅典的偉大思想家有蘇格拉底、柏拉圖、亞理斯多德；社會上，相較於同一個時代的其他民族，雅典人生活多元又相互寬容，成為現代社會的重要參考對象；這些風潮也深深影響了現代人！

反觀儒家的魯國曲阜呢？或是劉漢皇朝的長安太學以及洛陽太學？

連現代的共產中國也不採用魯國的政治制度、生活方式跟價值觀了，還有什麼現代國家會效法跟學習魯國？倫理道德方面，應該沒有任何人膽敢強迫現代人遵守周禮的三年之喪了吧？更何況現代人的倫理道德更符合希臘雅典多元、包容的主張，而不是斥責別人怪力亂神。

對人類文明而言，假使保守（甚至是迂腐）的孔丘真的被視為一個世界級的大師，除了他之外，還有什麼偉大的世界級思想家出自曲阜？

若能夠客觀地超越狹隘種族意識跟民族主義的偏見，綜觀人類三千年的信史，我們不得不說，雅典、羅馬以及耶路撒冷，是對人類文明最具貢獻的偉大城市。而這三大城市的重要性跟影響力，遠遠超過中國歷史上的洛陽、長安跟曲阜！

德語民族的黑格爾，從年幼時就浸潤於古希臘羅馬的思想以及耶穌基督的教義，他會看不起孔丘跟儒家思想，恐怕不是沒有道理。

四、試煉與苦難的比較：釋迦牟尼

儒家宣稱「陳蔡之厄」是孔丘一生最兇險且最艱困的苦難，但凡事要有比較才知優劣，有比較才知道長短。

現在已經是二十一世紀了，不必研究其他民族的宗教、哲學跟歷史，也能聽聞其他民族的世界級偉人所遭受的苦難。

跟那些世界級的偉人相比，孔丘一生最大的苦難（陳蔡之厄），就是在流亡諸國期間，一票師生並不是主動吃苦或是自動受難，而是被迫困在陳、蔡邊境，挨餓五、六天而已。相較於其他世界級聖賢，陳蔡之厄只能算是消極被動的困苦。

其他學派的開創人或是外國宗教的教主，不但沒有躲避苦難，更不會因為亂邦而不入、危邦便不居。這些世界級的大聖賢反而為了「尋道」與「行道」，各個積極主動地吃苦耐勞，勇敢挑戰挫折和艱難。

耶穌教的使徒聖保羅（還不是救世主耶穌），他想到羅馬宣教，但在海上碰到颶風。為了求生只好拋棄船上物品任由漂流，導致保羅跟隨行的幾個信徒長達十四天沒有吃喝（註十一）！

耶穌基督為了拯救世人，自願被釘死在十字架上！

蘇格拉底為了真理和堅守民主自由的信念，勇敢殉死！

穆罕默德為了宣揚獨一無二之真主的教義，不畏一死進入偶像崇拜地區！

墨家的墨子，為了阻止強大的楚國侵掠弱小的宋國，在十天十夜之內，不停地狂奔超過一千兩百公里（從現代中國的山東省淄博市，奔馳到湖北省江陵縣）！墨子不僅主動地承受苦難而狂奔一千兩百公里，還冒著被楚惠王殺死的生命危險，抱著必死的決心去阻止楚國侵掠宋國！

以上是世界級的大聖賢主動積極地吃苦耐勞，不畏懼任何犧牲，每一個都是親自做到「為了實踐理想，不惜犧牲自己」的宏偉典範。

相較之下，孔丘的陳蔡之厄以及他流亡諸國的遭遇有若兒戲，期待儒家也能「做出」令人景仰的事蹟，而不僅僅是「講出」而已。

我們在此所要介紹並作為比較的就是佛教的釋迦牟尼。

釋迦牟尼為了尋求真理，不僅主動拋棄王位，還義無反顧地割捨已經握在手中的榮華富貴跟滿宮的美女，並自願過著如同乞丐般的苦行生活，苦行到最後每天才進食一粒米！

現在我們就來看釋迦牟尼所承受的苦難，並拿他跟孔丘做比較。

大約是古中國的墨子時代（紀元前四八五－前四一〇年），佛教的創教教主悉達多喬達摩（Siddhartha Gautama）誕生（註十二）在北印度（現代的尼泊爾）一個叫做迦毗羅衛的小國。悉達多喬達摩是那個小國的太子，也就是眾人皆知的釋迦牟尼。

根據考證，迦毗羅衛國的面積可能才兩千平方公里左右，大概是兩個台灣彰化縣或兩個香港的土地面積，但因為土壤肥沃、物產豐富，所以釋迦牟尼父親的尊號被稱為盛產純淨米飯之王（淨飯王），因此全國人口可能多達數萬，讓釋迦牟尼一生下來，就能享受榮華富貴的生活。

當時印度的統治階級是由金髮碧眼的阿利安人（Aryan）所組成，早期的看法認為阿利安族人大約在三千五百年（或四千年）前，從黑海跟裏海的高加索山區衝殺出來，往西邊遷移的就變成歐洲人的祖先，往南邊侵掠的就是波斯人，往東南邊征服的就成了古代的印度人（註十三）。

這一批抵達印度次大陸的阿利安人摧毀了印度本地既有的一切，用種姓制度把整個印度社會分成四個階級，前三種是阿利安人的階級，就是宗教僧侶階級（婆羅門）、武士階級（剎帝利），以及農工商階級（吠舍）；最低的階級就是印度原住民的首陀羅階級。

各國的原住民應該是該國真正的主人，但卻都被外來移民所欺壓。

依據《釋迦牟尼佛傳》的敘述，釋迦牟尼從小在王宮生長，後來因緣際會目睹了衰老和病痛的過程，又看到動物界的相互殘殺以及萬物的最終結局：死！這讓他從榮華富貴的日子中驚醒，因為當時的釋迦牟尼也有著「我不要死」的想法。

他在二十九歲那年毅然拋下手中握有的權勢、富貴與美色，決心出家去尋求跳脫生、老、病、死之輪迴的真理。

相較於釋迦牟尼為了尋求真理而放棄權勢跟財富的典範作為，孔丘的一生汲汲於獲得當官的機會，總是想要利用統治階級。由此來看，釋迦牟尼跟孔丘兩人的「行道」方式確實很不相同。

同樣是二十九歲，釋迦牟尼捨下一切榮華富貴去尋道，而孔丘卻大力贊同國僑（子產）用周禮酷刑去摧殘輕慢統治階級的平民百姓！

釋迦牟尼開始尋道之後，經歷了六、七年的精進與修練，最後進入苦行階段，每天清心寡慾，並過著如同乞丐般的生活。我們很難相信一個從小生長在榮華富貴王宮裡的金枝玉葉，只是為了尋道跟行道，竟然願意自動自發地過著如此清貧的生活，他最後苦行到每天只進食一粒米。

跟釋迦牟尼相比，孔丘雖鼓勵別人應像顏回過著每餐一瓢飲的清苦日子，但依照《論語》〈鄉黨〉的敘述，孔丘自己卻過著酒肉不嫌多、聲樂奏不停的享樂主義生活，孔丘跟釋迦牟尼果然很不一樣。

釋迦牟尼這種幾乎等於絕食的日子，讓他突然清醒地領悟到絕食苦行並不能使人開悟，於是他想停止苦行並開始找食物，卻因身體太弱而昏厥了。甦醒之時看見身旁有一個牧羊女用奶糜餵養他，釋迦牟尼哈哈自嘲，他立志要解救自己脫離苦海並拯救眾生，沒想到卻被一個首陀羅階級的女子救活。牧羊女驚恐地叩首，以為觸怒了身為統治階級的釋迦牟尼。

釋迦牟尼說道：「你明明是我的救命恩人，卻反而向我下拜，誰來決定我們的出身、地位跟才能？出生卑微階級的人永遠低賤，這世界還有公理嗎？什麼時候這世界才能眾生平等？」

牧羊女見釋迦牟尼沒有責怪她的意思，就反問釋迦牟尼為何整個人完全沒有肌肉，形軀慘瘦到僅剩一層薄皮黏貼在全身的細骨上，站立時有若一副會動的枯骨，完全不像一個有生氣的人。

釋迦牟尼告訴她有關苦行的過程：剛開始時整個心思都被飢餓感所掌控，隨時隨地都想找吃的，但用了極大的毅力克制自己，最後總算可以一天僅吃一粒米。

牧羊女問釋迦牟尼為何拋棄太子的尊貴地位，願意過著那種連牧羊女都不如的乞丐生活？若是留在王宮持續握有手中的權柄，就可以運用權力去推行理想，那豈不是更好？

釋迦牟尼回答：「再大的權勢也不能使我永生不死！」

是的，再多的財富也無法讓人永保青春！

再高的名望也不可能使人永無病痛！

為求解脫這一切無意義的輪迴，尋找免除生老病死之道，釋迦牟尼認為世俗榮華富貴只是晨曦朝露、空中輕煙。

富貴如浮雲的境界，孔丘只是嘴巴說說，而釋迦牟尼卻是身體力行！

辭別牧羊女之後，釋迦牟尼來到一株菩提樹旁坐下，他舉指立誓：「若沒辦法參透超越三界生死之奧祕，以及免除凡塵苦海的真諦，我釋迦牟尼寧可死在此樹下也永遠不再起來！」

回想釋迦牟尼當初因畏懼死亡的苦諦而開始尋道，但這時他卻寧死也要悟道。相較之下，釋迦牟尼剛毅的決心大大超過孔丘永遠只是嘴邊說說殺身成仁而已。

依據佛書的敘述，釋迦牟尼在菩提樹下遇上魔王的試煉，滿目魔幻魅影，充耳鬼歌魑聲。他經歷了最美的色慾勾引、最大的權勢迷惑、最多的財富誘騙以及最凶險之危的逼迫，釋迦牟尼絲毫不為所動，連皺下眉頭都沒有，只是一心一意要參透世間貪、瞋、顛、癡等等假象背後的真諦！

釋迦牟尼悟道之前的降魔伏妖，很像《新約聖經》〈路加福音〉第四章第一至第十三節，耶穌基督在沙漠絕食冥思四十天之後，惡魔撒旦現身誘惑耶穌，惡魔撒旦用維生本能的需求、權勢地位的引誘，以及超自然能力的展現去唆使耶穌奉惡魔撒旦為主宰。

但耶穌透過上帝天父的話語，逐一打敗撒旦所施展的迷惑。

釋迦牟尼與基督都經歷類似的尋道與求道事蹟，這是後人杜撰上的巧合？還是兩人確確實實發生過相似的遭遇？

但在儒家孔丘眼裡，其他民族的一切就是怪、力、亂、神！

在菩提樹下不吃不喝地坐禪七天七夜之後，釋迦牟尼大徹大悟並照見五蘊皆空、宇宙真諦！

一切生老病死的緣由，都被釋迦牟尼所悟出的大智慧得到開示宣化，人人若奉行佛法的話，皆可在此生即達涅槃境界。

但釋迦牟尼懷疑世人能否領悟這麼高深的道理，正當他想獨自一人行道而不去教化世人之時，創造萬物的主神梵天出面，命令釋迦牟尼應該開始宣揚佛法，不必管世人能否知曉佛法的奧祕。

於是釋迦牟尼開始「初轉法輪」，就是他第一次向世人宣講佛法！

佛法內容博大精深，但對我們而言，最重要的是佛教對世人產生了強大的感化力跟教化力，讓邪惡的人因著皈依佛法而改正向善，這才是現代人應該特別注意之處。

寧死也要悟道跟行道的釋迦牟尼，能夠產生什麼程度的教化與感化力？這是下一章要談的事蹟。

五、印度佛教對儒家中國的感化力

在此舉幾個中國比丘（和尚）的故事，藉以比較釋迦牟尼的感化力以及儒家孔丘的感化力。

（一）中國和尚受到印度佛教的感化後，所展現出驚人的毅力與實踐力

（一）勇敢的和尚：慧遠法師對抗宇文周武帝

史籍所呈現的孔丘與歷代儒家官員，面對有權有勢之王公大人的態度，往往只敢表現出畏大人的模樣，還無時不刻下跪、磕頭、叩首，絕對不敢跟帝王們唱反

調，或許這就是儒家思想對知識分子「獨立人格」的感化力。

但是釋迦牟尼對他的追隨者所展現的「感化力」並非如此。在此舉一個非常勇敢的中國和尚之例，看他如何對抗要消滅佛教的宇文周武帝，他不怕死的勇氣讓人在讀這些歷史時替他捏了一把冷汗。（註十四）

中國的南北朝時代，由鮮卑族的宇文部落建立了宇文周帝國（北周）。奠定宇文周帝國之基礎的英雄豪傑，宇文泰，就是唐太宗李世民的外曾祖父，而周武帝就是宇文泰的兒子。武帝的姊姊襄陽公主嫁給竇義，生下了李世民的母親，所以李世民身上有一半鮮卑族的血統，因為唐太宗的阿嬤（李淵的母親）也是鮮卑人。

宇文周武帝的事蹟較少人知道，恐怕絕大多數的人都不知道他是唐太宗的舅公。但是在中國歷史上凡是諡號叫做「武帝」的人，絕對是一個勇猛、兇殘、殺人如麻的屠夫「英雄」！

所以能稱得上「武帝」之人，絕對不會是魯國三桓、衛靈公或齊景公那樣的好好先生。儒家第一號聖人孔丘遇上好好先生的三桓、衛靈公或齊景公都沒轍，若碰上宇文周武帝的話，任何人都能想像孔丘兩腿發抖，猛烈地下跪磕頭的窘糗情形，絕對比他遇到陽虎的狀況還要精彩萬倍。

信奉佛教的華人們，應該都知道中國歷史上打壓佛教的「三武滅佛之禍」，其中一個滅佛的武禍，就是指宇文周武帝的滅佛史蹟：拆毀國內所有的佛寺，逼迫所有的僧侶還俗。

在南北朝末期，宇文周武帝滅掉了雄霸關東地區的高齊帝國（北齊），僅差一步路（滅了南方的陳帝國）就統一了中國。面對如此威猛（殘暴）的帝王，誰敢去阻擋他推行滅佛的運動？號稱至聖先師的孔丘絕對不敢。

但是在紀元五七七年的時候，有一位叫做慧遠的佛僧硬是敢當面勸阻宇文周武帝。而且當面再三勸阻無效之後，慧遠法師竟然在朝廷上當著所有大臣的面，詛咒武帝必因滅佛而下地獄，還說任何幫助武帝滅佛的臣屬也難逃下地獄的悲慘後果。

夭壽，竟然有人膽敢在一個武帝和他的大臣面前，詛咒他們要下地獄！

在書上看到這段歷史，令人不敢繼續讀下去，深怕看到慧遠被殘殺的結局，畢竟宇文周武帝絕對不吃素。

沒想到佛祖真的顯靈，武帝不僅沒有酷烈地屠殺慧遠法師，還讓他毫髮無傷地離開。

因為釋迦牟尼在菩提樹下發出宏願，若不覺悟就寧死不起的精神感化了中國和尚慧遠，所以慧遠才敢冒著必死的危險去阻擋宇文周武帝推行滅佛運動。

對比儒家的話，假使秦始皇的坑儒事件是真的，所有歷史的記載都沒半個儒家分子敢像慧遠那樣起來反抗，而逃跑的儒家分子倒是一大堆。例如有名的叔孫通，他原是秦始皇朝廷內的博士，但是一看到情勢不對，馬上實踐儒家明哲保身的「危邦不居」，立即拔腿開溜！

叔孫通不僅從秦始皇那邊開溜而已，任何一個處在日正當中的領導人（楚霸王項羽），他就立即應召；一旦領導人失勢了，馬上投奔下一個有權有勢的人（漢高祖劉邦），叔孫通就是楚漢相爭時代的「孔子周遊列國」！

儒家分子常常說仁者無敵，但在中國的歷史裡，只見儒家知識分子任由帝王們踐踏跟使喚，從沒出現過像慧遠法師這麼勇敢的人物。什麼事情都中途放棄、半途而廢的孔丘，他的感化力跟教化能力確實很差。

（二）向印度學習的中國高僧法顯、玄奘，以及傳播佛教到日本的中國高僧鑑真

中國先秦的歷史記載孔丘汲汲於當官的史蹟斑斑，但他真正主政的唯一事蹟「墮三都」卻半途而廢；孔丘想要應召叛臣公山弗擾與賊子佛肸也都是中途放棄；甚至於孔丘要投奔趙簡子、唆使魯哀侯侵掠齊國也都是半途而廢。凡事遇到困難就沒有辦法克服，結果一事無成。

孔丘這種實踐力，當然不可能對歷代儒家產生任何深具教化的影響。所以歷代儒家也差不多都是只能坐而言的人，從來沒看過儒家分子真正做出什麼事情。例如孟軻、荀況、朱熹等等大儒，都是無法起而行的人。

釋迦牟尼為求悟道而不惜拋棄手中的權力跟富貴，最後許下宏願：若無法證悟，寧死在菩提樹下。

因為釋迦牟尼展現出這麼剛毅的決心，很自然就對追隨的信眾們產生強大的感化力，因為「身教」當然遠遠超越「言教」的力量。

中國和尚們受到釋迦牟尼身教的感化，產生了法顯、玄奘、鑑真等和尚，因為這些法師們不怕高山沙漠的阻擋，不懼汪洋大海的兇險，誓死到印度學習，並把佛法宣揚到日本！

距今一千六百二十年前的法顯和尚，度過西域的高山沙漠抵達印度，再由西向東地跨越印度恆河流域，最後從南印度的斯里蘭卡橫渡印度洋，進入南中國海，再流經東海與黃海抵達山東。

在一千六百多年前，這種旅程簡直是在玩命！

但法顯為了求得釋迦牟尼所傳遞的佛法，發出驚人的堅毅決心與力量，所受的艱苦跟困難還有周遊的範圍，超過孔丘流亡諸國所承受的一切。

這是佛教才能激發出來的教化與感化力，相較之下，儒家思想的感化力幾乎等於零。兩千五百年的中國歷史紀錄，沒見到任何一個古代印度人不惜克服一切苦難，也要到中國學習儒家思想。

除了法顯之外，距今一千四百年前的玄奘法師，為了學習印度佛法，也是攀越高山、度過沙漠抵達印度，住在印度十多年之後再走陸路返回唐朝中國。

玄奘跟法顯所吃過的苦難、所遭遇的風險，絕對遠遠勝過孔丘流亡諸國時所遇到的任何一件事，「陳蔡之厄」根本抬不上桌面做為比較。

前面兩位偉大的法師，都是克服萬難到印度取經成功，下一個則是百折不撓也要到日本宣揚佛法的鑑真和尚。

李唐皇朝的高宗時期，鑑真法師雖已五十五歲，但接受兩名日本和尚（榮睿跟普照）的邀請，準備東渡日本弘揚佛法。

沒想到好事多磨，在紀元七四二年（李唐皇朝天寶元年）第一次出發，因內部問題而無法成行。過了半年要再出海前往日本，卻碰上暴風。

第三次橫渡東海又遇上暴風，第四次又因內部因素而無法成行，但是鑑真法師沒有半途而廢。第五次航行還是遇上大風浪，差點淹死在海上，可是鑑真和尚絕對不中途放棄。

轉眼之間十年就這樣過去，鑑真已經六十多歲，眼睛也瞎了，但是真正虔信佛法的人，永遠不放棄既定目標，所以他還是要到日本弘揚佛法！

鑑真法師最後在紀元七五三年跟隨返回日本的遣唐使節團，雖然也遇上颱風導致部分的使節船迷失，還好鑑真法師的船安然抵達日本，這時候他已是六十六歲的瞎眼老人。

鑑真和尚橫渡東海到日本就已如此艱辛，無法想像比鑑真還早三百多年的法顯要橫渡更寬廣、更險惡的東印度洋與南中國海，那是更加艱難！

但是這些困難跟困苦都沒有打倒鑑真的弘法意志，他雖然看不見，但還可以聽他人念誦經文，透過聽力糾正錯誤並且口述佛法。日本朝野喜獲釋迦牟尼的真智慧，當時的日本天皇還下詔把「大和上」的名號送給鑑真法師，雖然「上」、「尚」相通，但用此來表達日本皇室賜與鑑真與眾不同的特殊尊榮。

鑑真法師圓寂一千年之後，日本的俳句名家松尾芭蕉，還特地寫了一首俳句紀念鑑真和尚：「如果我（芭蕉）找到了療眼神藥，希望能夠治癒鑑真大師的盲症。」

這就是古代印度人釋迦牟尼拋棄權力、富貴，甚至不惜一死也要追求真理所激發出來的感化力！

不知道孔丘與儒家思想感化了什麼外族人，激發他們能夠像鑑真法師那樣剛毅堅強，不管遭受多少挫折仍要宣揚孔教？

以上有關鑑真法師的事蹟，都是從日本右派知識分子平泉澄的書籍裡面看到的（註十五）。平泉澄是非常大日本主義的學者，但他仍把來自中國的鑑真大師描繪得如此宏偉、剛毅，可見得佛教的感化力跟教化力，真的可以教導人們要超越狹隘的種族意識，建立眾生平等的世界，佛教感化人心的力量確確實實超過儒家思想千百倍！

雖然沒有古代印度人願意克服萬難到中國學習儒家思想，但有一個著名的日本儒學者，他確實有想過要去中國精研儒家思想，那就是日本戰國時代末期非常有名的儒學者，藤原惺窩。

因為藤原惺窩仰慕朱熹，曾經想到明朝中國學習宋儒思想，但是……才遇上一次風暴而無法成行，日本儒者藤原惺窩就效法儒家祖師爺孔丘，遇到困難就中途放棄、半途而廢、一事無成。藤原惺窩再也沒有嘗試過第二次了。

說到做事情遇上困難就中途放棄、半途而廢，這可是儒家思想驚人的教化力量，因為日本人的民族性遠比中國人還要剛毅果決跟百折不屈，但若不幸被儒化之後，日本儒學者竟然也變得軟趴趴的，一遇挫折就放棄。或許這就是儒家思想真正的教化與感化力！

〔二〕印度佛教與中國儒家的政治教化力：阿修卡大帝（阿育王）與漢武帝

（一）阿修卡大帝的生平、霸業、改信佛教以及他的佛法詔令

先前提到釋迦牟尼以及印度佛教對中國信徒們的教化力，在此要談的是佛教在政治方面的感化力。筆者選用獨尊儒術的漢武帝，藉以證明儒家思想在政治上的教化能力是否能夠感化漢武帝改邪歸正。

與漢武帝相比的帝王，是印度孔雀皇朝的阿修卡大帝（Ashoka the Great）（註十六），就是中國史書中提到的「阿育王」。他可能出生於紀元前三〇四年，在紀元前二六八年登基（註十七），紀元前二三二年過世，大約是古代中國秦昭襄王三

年到秦始皇十六年。

因為希臘馬其頓的戰爭天才，亞歷山大大帝率領遠征軍侵掠古印度西部（現代的巴基斯坦），然後留下軍隊駐守占領地。他病死的隔一年，阿修卡大帝的祖父立即號召印度西北部的軍民起來驅逐希臘馬其頓的駐軍，因此建立孔雀皇朝。

依據佛教經典的記載以及一些歐美與印度學者的考證，當時的人認為阿修卡相貌醜陋，而且膚色可能較黑。

不同於現代人喜歡古銅深色的皮膚，對古代印度的統治階級而言，黑皮膚是很糟糕的事情，因為印度種姓制度的統治者（剎帝利階級）是白皮膚的阿利安人，所以統治階級的貴族都會懷疑任何膚色較黑的王子與公主，都是染到低賤階級的血統。

或因此故，佛教經典描述年輕時的阿修卡，是一個心理不平衡又極為殘暴的人，酷愛打仗殺人的事。他雖然不是太子，但屢屢建立鎮壓叛變的軍功，逐漸獲得他父皇的重視，開始把軍權交到他的手中。

在他父皇年老病危之時，阿修卡立即從前線返京，屠殺九十九個兄弟之後，自立為帝。

他登基後雖然娶了一位篤信佛教的美女當皇后，但如此殘暴的人掌握了絕對的生殺大權，當然迫不及待地向四面八方的鄰近國家展開攻擊、燒殺擄掠。

那時的阿修卡大帝認為把敵人踩在自己腳下，看他們每一分、每一秒都活得生不如死，那才是人生最大的快樂！

人類歷史上所有的「偉大」征服者以及開國皇帝，都是殺人不眨眼的「英雄好漢」，他們所開拓出來的「偉大事業」，都是用被征服者的鮮血、枯骨、悲愁跟憤恨所搭建起來的，阿修卡當然是這一類的「偉大」英雄。

阿修卡登基之後連年征戰，印度次大陸上的王國一個接著一個被他滅掉，短短幾年內就已滅絕大多數國家，僅剩印度東部的大國，卡靈尬〔Kalinga，現代印度的奧里薩（Orissa）邦〕。

阿修卡大帝所統治的帝國總面積大約五百萬平方公里，包括現代的印度、巴基斯坦、阿富汗、尼泊爾、不丹、孟加拉等國，再加上伊朗西側的一部分；而印度南端以及斯里蘭卡皆為阿修卡大帝的朝貢屬國。

阿修卡大帝的印度孔雀皇朝，是人類史上第三個統治面積超過五百萬平方公里的大帝國（第一個是波斯帝國，第二個是亞力山大帝國）。

阿修卡大帝在位的第八年，總算空出手去侵掠東印度的卡靈尬王國。阿修卡的士兵被嚴厲又殘酷的軍令催逼，每個人都得勇猛作戰。卡靈尬的軍民為了自己的生存，特別不畏一死地奮烈殺敵，導致戰況之慘烈，被印度史書稱為人類最慘不忍睹的戰役：光是卡靈尬國戰死的兵卒就多達十萬戰士，還不包括因戰爭而慘死的人民，以及阿修卡大帝手下的陣亡將士。

被殺的人個個肚破腸斷，腦漿跟四肢散落長達百里，各種鳥類與鼠類動物飽食殘骸的眼珠、肝肺和腦髓，地獄的慘況也不過如此！

卡靈尬戰役結束後，阿修卡原本很驕狂地親臨戰場，觀賞他所造成「橫屍百里、血流成海」的「壯舉」，但站在戰場上目睹死傷如此慘重的狀況，連他都開始害怕了起來。一位佛僧不知哪裡來的道德勇氣，竟然對阿修卡這一頭兇猛的禽獸，說起慈悲為懷、放下屠刀的佛法。

在殺了那麼多人之後，阿修卡終於了解到自己雖然掌握了最高的統治大權，但他只是一個把人間變成地獄的人形魔鬼而已，他決心懺悔、改錯！

阿修卡大帝要向世界證明他改信佛教之後，確實從一個「無人不殺、無惡不作」的歹徒，蛻變成要把地球變成天堂的贖罪人，因為「真實的道德或信仰必能改善行為」。

阿修卡所頒布的《阿育王詔書》（Edicts of Ashoka），就是他信奉佛教而徹底悔改後，對一切世人所做的誠摯告白：每一個人都應該學會用真理與正義使他人信服，而不是採取血腥的暴力去征服。

因為阿修卡大帝所認知的主觀真理就是佛法（Dharma），在他眼裡的佛法不僅提供了個人言行的準則，也是人際關係與社會正義的依據，更是國際關係的運作原則，所以他要把這個真理，散布在他所統治廣達五百萬平方公里之大帝國的每一個角落。

對他而言，篤信佛教之後，最有意義的人生不再是得到更大的領土、更多的財富、更高的名望、更美的妃妾，而是分分秒秒去實踐佛法！阿修卡大帝之所以能辦到，是因為他效法釋迦牟尼，只為了尋道跟行道，就不惜拋棄榮華富貴跟美色的誘惑。

阿修卡大帝把他的詔令分別刻鑿在國境邊界的石碑（Rock Edicts）、大城市與重要道路所豎立高約十二公尺的石柱（Pillar Edicts），以及專供佛僧冥思與靜養的洞穴石壁（Cave Edicts）。

連古代中國著名的佛僧法顯以及玄奘都在他們的書中提到這件事：法顯親眼目睹六個阿修卡詔令；而玄奘提到十五個，其中兩個存留到現代。歐美與印度的學者們把存留的詔令編號（順序跟詔令的內容無關），例如第一號石碑詔令、第五號石柱詔令或第二號石壁詔令。

現在就讓我們來看這些「阿修卡詔令」到底刻了什麼內容（註十八）。也懇請讀者們記得阿修卡大帝（阿育王）是戰國時代從秦昭襄王到秦始皇時期的印度帝王，藉以對比同一時期印度與中國的道德觀以及國際觀。

第三號石碑詔令：頒布詔令的動機與目的，以及佛法的教化力量阿修卡大帝熱切地專注在佛法的研習與傳播，對於消滅其他國家的往事，他非常的懊悔；對於採用屠殺、死亡與驅逐人民的手段才能達成的征戰事業，他更感到無比的哀傷與悲痛。

阿修卡大帝深信縱使是不同宗教的人，依然有著相同的愛恨情仇、喜怒哀樂，即使是遠在希臘（註十九）的人也一樣！

皈依佛法之後，阿修卡大帝願意原諒所有值得原諒的人，因為他希望所有的人都應有控制自我的能力，對所有人都能展現公平待人的態度。因此若能用佛法讓所有人信服，絕對比用暴力去征服還有意義。

也因如此，阿修卡大帝派遣使節到世界各國宣揚佛法，讓天下所有的統治者都有機會聽聞佛教的奧義，包括遠在敘利亞的塞琉古帝國的安條克二世（註廿）、埃及的托勒密二世（註廿一）、非洲利比亞王國的馬加斯（註廿二）、希臘馬其頓王國的安提柯努斯（註廿三），以及伊庇魯斯王國的亞歷山大二世（註廿四）。

從這一份詔令的內容，我們可以得知阿修卡大帝簡述了他因篤信佛教而深自懺悔的過程，以及這世上雖然有不同民族跟不同宗教，但阿修卡相信眾生平等，所以竭盡一切力量也要把佛法宣揚到世界的每一個角落，包括遠在西歐的馬其頓王國與北非的埃及王國、利比亞王國，以及西亞（中東）的塞琉古帝國。

美國學者Richard McKeon依據這五名帝王的共同在位期間，推算出阿修卡大帝應該是紀元前二六一—前二五八年之間（大約是秦昭襄王四十五—四十八年），派遣印度使節團到西歐、北非跟西亞。

除此之外，這份詔令還證明了一個重要的事實：歷史上曾經攻打羅馬共和國的皮洛士王（Pyrrhus of Epirus）〔就是那位在人類史上留下「皮洛士慘勝」（Pyrrhic Victory）尷尬頭銜的國王〕，他的兒子就是第三號石碑詔令的伊庇魯斯王國的亞歷山大二世（Alexander II of Epirus）。這就證明了人類史上八大古文明（註廿五），除了中華文化之外，其他七個古代文明在中國的戰國時代就已經有了直接交流的證據。

古希臘人熱心地學習巴比倫的天文學以及埃及的幾何學，所以希臘的科學思想青出於藍地遠勝其他古文明。而羅馬人制定十二銅表法之前，也在紀元前四五三年派出三名元老，到希臘的雅典城邦觀摩民主制度的實際運作，導致羅馬法律的聲威遠播、千古留名。

此即人人皆知的道理：不同文明的直接交流必然刺激自身文化的再提升。

但是古代中國因為客觀地理環境的限制（西邊有世界最高的高山、北邊有世界最乾燥的沙漠、東南兩邊皆為大海），導致中華文化兩千年來幾乎都是獨自發展，除了微量又間接傳來的印度佛教之外，中國都沒有跟其他七大古文明做大規模的直接交流，這也是中華文化為何被其他文明後來居上的客觀地理因素（註廿六）。

因為欠缺跟其他文明大國的直接交流，古代中國所接觸的都是樓蘭小國或是朝鮮、越南那種中等規模的國家，不然就是軍事力量強大但文化落後的遊牧民族，久而久之便開始妄自尊大，養成儒家中國自以為是世上最了不起民族的傲慢。又因看不起其他民族而越來越排斥跟其他文化接觸，除非對方願意下跪磕頭當個朝貢屬國，而這種情形竟然持續到鴉片戰爭爆發。

為什麼說古代中國展現出一種井底之蛙式的無知與傲慢？

舉一個簡單的例子作為證明：假使殺人如麻也能算是一種「偉大的功績跟高度

文明的象徵」，那麼阿修卡大帝統治的領土廣達五百萬平方公里，而且在世界史上，阿修卡大帝還不是世界第一個，他只是排名第三。

同一個時代的秦始皇，在他斬殺屠滅六國並且北伐南侵之後，自以為功高蓋世，開創了千古無人能敵的統一大業，但是嬴秦皇朝的總面積大約是三百萬平方公里，比印度孔雀皇朝的疆土還小很多。

假如當時的中國能夠流暢地與南亞（印度）、西歐（希臘馬其頓）、北非（埃及），還有西亞（波斯與敘利亞）等地區的文明大國做直接交往的話，相信連最囂張又驕狂的秦始皇，也不敢如此妄自尊大地坐井觀天。

第四號石碑詔令：施行佛法的目的

這一份詔令頒布於阿修卡加冕後第十二年（攻滅卡靈尬王國而改信佛教之後第四年）：千百年來，人們宰殺牲畜，殘忍地對待動物，不僅對親屬無禮，更對佛僧不敬。現在因為阿修卡施行佛法，把戰鼓的震響改為佛法的召喚，所以人人皆應禁止殺生，也不應再虐待動物。每一個人都應改以和善的態度對待家人與他人。要孝順父母與長輩，也要尊敬佛僧。

阿修卡會持續地宣揚佛法，因為佛法的教誨是人類最好的言行典範。有道德的人才能奉行佛法，不道德的人則無法辦到這一點。任何奉行佛法的行為都是極受稱頌的事。

第六號石柱詔令：宣揚道德的原因

這一份詔令頒布於阿修卡加冕後第二十六年：為了促使人民捨棄原本錯誤的生活習慣，進而讓平民百姓在佛法裡成長向善，阿修卡透過這一份詔令，要讓人民知道他們的福祉與快樂能夠透過佛法獲得。阿修卡也會為所有的人帶來快樂，不僅僅是他身邊的皇族或首都裡的人民而已。

第七號石柱詔令：如何施行佛法

這一份詔令頒布於阿修卡加冕後第二十七年：為了宣傳佛法，阿修卡設立專門的政府機關。此部門官員的職務應照料各個不同宗教的修行者，例如佛教僧侶、婆羅門教與耆那教的修行者。世界各地的統治者若能像阿修卡那樣親自行善，人民自然會起而效法。屆時人人都能孝順父母、尊敬導師與長輩。對宣教士與修行者有禮，對貧窮與困苦的人有慈善心，甚至對差役跟奴僕也能加以善待。

第五與第六號石碑詔令以及第三號石柱詔令：推廣佛法的內在動機與施政措施

第五號石碑詔令：

阿修卡要世人了解「行惡簡單，行善不易」。任何人能夠行善的話，那他就做到一件很不容易的事（註廿七）。阿修卡希望他的子子孫孫也都能行善。

第六號石碑詔令：

阿修卡為了了解人民的現況，特別命令所有官員們不論何時何處，都必須盡速向阿修卡稟報百姓的生活狀況。縱使是阿修卡在後宮或在外出巡的行宮；也不管阿修卡是否正在進行宗教儀式或是正在用膳的時間，他要隨時隨地了解人民最新的情形。因為阿修卡認為促進人民的福祉是他最高的責任，而如何帶給人民福祉，必須透過實際的行政作為以及持續不停地實踐佛法。

對阿修卡而言，促進所有人的福祉是最重要的職責，沒有其他事情比這個更重要，特別是妥善地審理人民之間的糾紛。

阿修卡藉著這一份詔令讓天下人知道，他所做的一切，乃是償還他積欠所有人以及整個世界的孽債（註廿八），希望他的努力能夠帶給世人歡愉，並且竭盡一切所能幫助人們在來世能上天堂。

第三號石柱詔令：

人們往往只會記住自己良好的行為，卻常常忘記自己犯過的錯誤跟惡行。不會有人自發自主地對自己說：「我做錯了，我幹下不可饒恕的罪惡。」因為自我反省是一件難事。但不管如何，人人都應該自我警惕：殘暴、憤恨、無知與忌妒都是造成邪惡行為的原因，不應該讓自己被這些邪惡的慾望所控制。人人都應該分辨清楚什麼樣的舉止對今生有益，哪種行為對來生有好處。

針對第六號石碑以及第三號石柱詔令的內容，除了說明阿修卡隨時隨地把人民的福祉謹記在心之外，最感人的地方在於阿修卡大帝公開承認他所做的一切善事，不是什麼了不起的德政、仁政，只是在償還自己以前殺戮過重所積欠的孽障之債！

因為改信佛法，阿修卡從一個殺人如麻的惡魔，轉化為分分秒秒都惦念著人民福祉的帝王；而這種個性的蛻變與人性的昇華，都是因為他能藉著佛法看到自己邪惡與殘暴的一面，進而否定自己罪惡的過去，且能依據佛法改善自我。

這種承認自己錯誤的偉大情操，我們卻無法在儒家分子身上看到，儒家書籍所記載的內容都是孔丘、顏回、孟軻等人那種一錯再錯，然後死不認錯的魔鬼個性，因為孔丘與儒家分子們縱使遭到所有人的反對，依然要實踐用猛使民殘，又堅決地遏制人民主體意識的覺醒，更不惜發動侵掠戰爭去實行儒家意識形態。

第六號石碑與第三號石柱詔令的內容，遠勝儒家吹捧的任何一本中國帝王之言行紀錄，包含中國歷史上赫赫有名的統治典範《貞觀政要》。

為什麼可以這麼說？

因為儒家中國的「賢明好帝王」（包括唐太宗李世民）都自認他們乃是高高在上地「憐憫跟施捨」德政給人民，而這兩份詔令的內容卻顯示阿修卡大帝所做的任何善政，皆是抱持一顆贖罪跟懺悔的心在為民服務！

黑格爾對儒家孔子的嚴厲批判是正確的：任何一個民族都能找到比儒家思想更優秀的倫理道德與政治典範！

第一、第二以及第七號石柱詔令：什麼是佛法？

第一號石柱詔令：

這一份詔書頒布於阿修卡加冕後第二十六年。

人們很難獲得快樂，除非他們願意對佛法產生強烈的愛，並做出深刻的自我反省，以及警戒遠離邪惡的事情，還有高度的順服心。

阿修卡命令所有的官員：要以佛法管理人民，要以佛法伸張正義，要以佛法保護人民。

第二號石柱詔令：

什麼是佛法？佛法包含慈悲、慷慨（布施）、信實以及潔淨，以及其他的善行。

第七號石柱詔令：

人民可以透過坐禪冥想與道德教育提升他們對佛法的認知，而坐禪冥想是比較重要的方式。阿修卡頒布了許多道德教育，包括禁止殺生，更不可傷害別人。

第九、第十一號石碑詔令以及第二號婆羅門吉里（Brahmagiri，印度南部西高止山脈的一座山）石碑詔令：佛法的內涵

第九號石碑詔令：

佛法嚴禁對任何生命施展暴力。許多重大日子都會有慶典儀式，但佛教的法會是令人收穫最多的，因為佛教的法會不僅在今世帶來益處，更能為死後的來生累積福報。

第十一號石碑詔令：

佛法的教誨包含順從父母、對親友慷慨、善待奴僕、嚴禁殺生。所有人都會覺得這樣的行為才有榮光，並且會為世界帶來歡愉！

第二號婆羅門吉里石碑詔令：

每一個人都應該孝順父母，尊敬師長，禮貌地對待親屬。人人都應重視生命的無價與神聖性（所以絕對不可殺生）。

第十號石碑詔令：了解慾望的可怕

阿修卡所做的一切，也是為了避免人們的來生被罪惡所奴役，因為邪惡的慾念能夠綑綁人們。不論富人或窮人都知道要付出很大的努力，才能脫離慾望的羈絆，這一點對富人來說更加艱難（註廿九）。

第七與第十二號石碑詔令：宗教自由以及包容不同的宗教

第七號石碑詔令：

阿修卡希望所有宗教的信徒都能自由地在他所管轄的領土內定居，因為所有的宗教都在找尋思想的純淨以及克制一切感官慾望。每一個人天生的本性與慾望都不同（註卅），縱使因天生的本性而無法讓思想純淨，又無能克制慾望，並且欠缺一顆抱持感恩的心，但每一個人依然值得稱頌，也是整體社會不可或缺的一分子（註卅一）。

第十二號石碑詔令：宗教平等

阿修卡不在乎人們的獻禮或讚美他的榮耀，他只在乎人們是否能在靈性上，發出對宗教信仰有助益的品行，不論那個信仰是什麼，因為任何一個宗教都應該受到尊重。

第五號石柱詔令：禁止殺生、不准焚燒森林

這份詔令頒布於阿修卡加冕後第二十六年。

在首都裡不可再宰殺任何牲畜、禽鳥；也不可再放火焚燒森林，以免傷害森林裡的動物。

第二號石碑與第七號石柱詔令：有關醫療與社會福利制度

第二號石碑詔令：

在阿修卡統治的領土，還有跟外國接壤的邊境，特別是跟塞琉古帝國的邊界

（現代伊朗與巴基斯坦接壤的部分），皆應設置給人民與動物的醫療站。醫療站所需的草藥，不論是進口或是本國種植的，都必須充足。

為了道路往來的旅客以及路旁栽植的樹木，應該要挖井以提供旅客與樹木足夠的水。

第七號石柱詔令：

我已下令種植白楊樹在道路的兩旁，好讓路上旅行的人民與往來的動物們都能有遮陽的地方。

以上僅是一部分阿修卡詔令的簡介，我們可以得知相當於戰國時代末期的印度，雖然沒有希臘雅典或羅馬共和那樣的民主政治制度，但印度帝王在照顧人民與「動物」方面的成就，遠遠超過同一個時代的中國君王。阿修卡大帝甚至主動提供醫療設施與免費的草藥給人民跟動物。

依據Richard McKeon以及N. A. Nikam的研究，阿修卡詔令的遣詞用字非常口語化，沒有艱澀難懂的字彙，一方面是為了讓平民百姓都能理解他所大力宣揚「依據佛教所應為的做人道理」，進而使人人皈依佛法；另一方面也證明了孔雀皇朝的印度，平民識字率很高，遠超過當時的中國。

看了阿修卡大帝的詔令，再對比孔丘的儒家思想，不禁讓人回想起黑格爾所講的那些話：「……孔子和他弟子們的談話（論語），裡面所講的是一種常識道德，這種常識道德我們在哪裡都看得到，在任何一個民族裡都找得到，甚至比（論語）要更好。（論語）是毫不出色的東西……」

（二）深受儒家思想「教化」的漢武帝

網路上的古代歷史百科全書（Ancient History Encyclopedia）的學者Cristian Violatti，特別提到印度的阿修卡大帝、羅馬的康士坦丁大帝以及中國的漢武帝，此三人是人類文明史上非常重要的三個帝王，因為他們都是能征善戰的殘暴獨裁者，卻也是把佛教、耶穌教與儒家思想定尊為國教（或國家意識形態）的帝王。

經他這麼提醒，我們也可從這幾個帝王改信之後的作為（註卅二），判斷出哪一個宗教信仰（或思想）具有強烈的感化作用，能夠改正人們原本錯誤的行為；哪一個宗教（思想）僅有宣傳上的假效果，有信跟沒信的行為結果都一樣，甚至遵奉特定思想之後，行為反而變得更糟。

阿修卡大帝從一個殺人魔王蛻變成慈世惠眾的國家最高領導人，證明了「正確的價值觀跟信仰可以感化人心」，讓一個作惡多端的歹人徹底的翻轉。

但是虛偽的倫理道德就不可能改正任何錯誤的行為。

漢武帝接受儒家思想的教化，所以才會展開罷黜百家的舉動，但他又做了什麼事去證明他確實被儒家思想感化向善了？

在檢視漢武帝的行為之前，我們可以對照阿修卡大帝與漢武帝的「功績」。漢武帝在殺人無數之後，劉漢皇朝最鼎盛時期的疆土面積，大約是五百萬平方公里，跟阿修卡統治的版圖差不多。所以中國史上第一個達到五百萬平方公里疆域的帝王是漢武帝，而他在人類史上是排名第四。

既然漢武帝跟阿修卡大帝的「殺人」功績都同樣「偉大」，那麼兩人的「愛人」事業是否一樣呢？

前面所提到的阿修卡詔令，都是他皈依佛教之後所頒布的。那麼漢武帝獨尊儒家思想之後的所作所為呢？

要討論漢武帝獨尊儒術之後的作為，讓我們先看漢武帝還沒有罷黜百家之前，他是一個什麼樣的青少年。

依據《漢書》〈外戚上〉的記載，漢武帝的母親曾經嫁給民間人士，生下一名女兒，但他的母親後來進宮跟漢景帝生下武帝。大約是漢武帝剛登基之時，他才曉得有一位同母異父的姊姊流落在民間。

漢武帝那時差不多十六、七歲，他親自搭乘皇家馬車到他姊姊家裡，把她迎接到長樂宮跟母后相見。漢武帝還稱呼她為大姊，並且親自舉杯敬她，絲毫沒有當皇帝的架子。不僅如此，最後還封她當修成君。

漢武帝如此慈愛那位流落在民間的姊姊，讓母后非常感動，也成就了漢武帝剛即位之時的一段佳話。

印度佛教把原本殺人如麻的阿修卡大帝感化成一個慈善的人間菩薩，那麼中國儒家思想能否將原本即是孝順父母又慈愛兄弟姊妹的漢武帝，教化成更加仁慈、更有愛心的好皇帝？

漢武帝是否從獨尊儒術那時起，就徹底放棄血腥暴力的征戰屠殺？

讓我們依照中國史籍的內容，快速瀏覽一遍漢武帝罷黜百家、獨尊儒術之後，做了哪些殺人如麻的「仁者無敵」事業：

紀元前一三五年（漢武帝建元六年），竇太后過世，漢武帝正式推行儒家思想，我們以這一年為基準，看漢武帝接受儒家思想之後的「豐功偉業」！

紀元前一三一年（獨尊儒術之後第四年），漢武帝屠殺宰相竇嬰。

紀元前一二九—前一一七年（獨尊儒術之後第六年到第十八年），漢武帝對匈奴汗國發動大約八次以上的大規模作戰。這段期間還屠殺堂叔（淮南王劉安）的家族，並逼死宰相李蔡。

紀元前一一五年（獨尊儒術之後第二十年），漢武帝逼死御史大夫張湯，派遣大使到大宛國尋求汗血寶馬。

紀元前一一二年（獨尊儒術之後第二十三年），漢武帝派兵侵掠南越以及西南

「夷」。不論是中國、南越或西南「夷」，不知有多少人慘死於這些戰爭！

紀元前一一〇年（獨尊儒術之後第二十五年），漢武帝派兵侵掠東越。隔一年，再派兵侵掠朝鮮並征服雲南的滇王。不論是中國、東越、朝鮮或是滇國，不知有多少人慘死於這些戰爭！

紀元前一〇四年（獨尊儒術之後第三十一年），為了汗血寶馬出兵侵掠大宛國，三年之內有超過六萬名中國將士的寶貴生命，為了搶奪牲畜馬匹而喪生，這還不包括大宛國因戰爭而死的人民與軍士。

紀元前九七年（獨尊儒術之後第三十八年），屠殺李陵整個家族。李陵率領五千名江淮壯士奮勇作戰，抵抗數萬名匈奴鐵騎，但因無援兵而力竭投降。獨尊儒術的漢武帝，竟然只聽信謠言就把李陵整個家族給滅了。

紀元前九一年（獨尊儒術之後第四十四年），漢武帝逼死皇后（衛子夫），迫使太子（劉據）起兵反抗，多達數萬人慘死於這次的動亂。

一個信奉儒家思想的帝王，連儒家最講究的父子血親關係，都敢痛下毒手加以摧毀，漢武帝之後的暴行就不需再拿出來丟人現眼了。

除了政治鬥爭以及滅族大臣跟武將們的殘暴事件之外，遵奉儒家思想之後，漢武帝依然發動十多次超大規模的戰爭，每次戰役都造成數萬甚至十幾萬人的死亡。儒家思想對漢武帝沒有發生任何「感化」的作用！

這些殘酷的歷史記載讓我們領悟到一個真相：歷史一而再、再而三地證明儒家思想永遠只是空幻的虛仁假義，但是歷代儒家不僅不承認儒家思想完全沒有任何感化的能力，甚至反過來辯稱漢武帝是採用董仲舒的「假」儒術，真正具有感化力的孔子思想並沒有被漢武帝實行。

其實不用辯解董仲舒如何，只看孔丘在世的時候，他能「感化」三桓嗎？被儒家吹捧成神的孔丘，他能夠「教化」衛靈公、齊景公嗎？到了最後，依據儒家書籍的記載，孔丘連自己的學生冉求都無法感化，還得命令儒家子弟擊鼓攻訐冉求。

更別說真實的「孔子」是不惜用猛刑使人民殘廢，以及寧可餓死百姓也要發動侵掠戰爭的「至聖先師」！

客觀的史實已證明孔丘跟儒家思想有著非常薄弱（或等於零）的教化跟感化力，「孔子」的無能以及儒家不行的事實，跟董仲舒又有什麼關係？

六、暴王列傳：儒家「親親相隱」付諸實踐之後所發生慘絕人寰的教化力

《漢書》暴王名單：

（一）強迫宮女作人獸交的江都王劉建。

（二）用椓杙插入美女陰道，再把美女的鼻、唇、舌割掉的廣川王劉去。

（三）寵愛美少男又把他殺死的膠西王劉端。

（四）逼死奴婢到陰間當醫生的趙王劉元。

參照上述印度佛教與中國儒家的教化力之比較，我們發現儒家思想無法產生良好影響的教化與感化力。在此要介紹的是儒家思想產生使人墮落的感化力。

魯國的孔丘與楚國的葉公（沈諸梁）兩人，曾經爭論過應該如何處理親屬犯罪

的價值衝突，這個爭議到了戰國時代，孟軻（孟子）進一步主張國家領導人應該包庇、隱藏犯下殺人罪的親屬。

除此之外，孟軻還主張縱使是作奸犯科的親屬，也不應該加以懲罰，反而要讓他過著衣食無憂的日子（註卅三），這就是儒家思想「親親相隱」的價值觀。這樣的儒家價值觀，古代中國人已經不接受了，所以孔丘跟葉公才會發生爭辯。

但是罷黜百家之後，儒家思想「親親相隱」的價值成為漢朝中國以後的道德指標。但若真把儒家思想那種放任、縱容、包庇親屬犯罪的「倫理道德」付諸實踐之後，會帶來什麼樣慘絕人寰的大悲劇？

首先我們必須了解罷黜百家之後的中國有兩種殘忍，一種是「法家的殘忍」，就是只管嚴刑峻罰一切犯法的人，完全不管親屬之間的情感。

另一種則是「儒家的殘忍」，就是除了自己親屬的情感之外，其他什麼都不管！

孔丘、孟軻主張「自己的親情絕對至上」的看法，對全人類而言是一種更殘忍的價值觀。因為若像法家那樣不管自己親屬的情感，遭受傷害的是一個家庭或家族；但是若遵照儒家思想只顧及自己與親屬之間的真誠情感，而不管是非、善惡、對錯，到時候遭受毒害的家族可能就成千上萬了。

以下敘述劉漢皇朝的暴王行徑，這些極為悲慘的事實將證明孔丘、孟軻那種「親親相隱」的錯誤價值觀，會造成什麼樣的人間悲劇。

劉漢皇朝的漢武帝劉彘（劉大野豬），除了獨尊儒術以及發動無數次血戰之外，他還幹下一件有名的事蹟，就是閹割著名的儒家歷史學者司馬遷的生殖器，堪稱「閹屌大帝」。

這樣一位閹屌大帝，當他的親屬犯下令人髮指的罪行，閹屌大帝卻反而扮演起溫、良、恭、儉、讓的仁慈帝王，赦免暴王們的處罰。

下面就是閹屌大帝與其他漢朝皇帝依據「親親相隱」的儒家思想，所做出令人神共憤的事蹟。

（一）強迫宮女作人獸交的江都王劉建

殘殺人數最多的暴王就是江都王劉建，他是闖屌大帝的姪子。劉建當太子的時候，就把別人要獻給自己父親的美女暗中收下，還把那個人殺死。被害家屬一狀告到皇帝那邊，但他卻沒被治罪處罰。

劉建的父親死後還沒下葬，他就迫不及待跟自己父王寵愛的美女們，一起在床上共同砌磋「做人的道理跟做人的技巧」，後來還跟已婚的妹妹亂倫，再次證實儒家中國的統治階級實在是太能幹、太會搞了。

等劉建正式當上江都王之後，有一次他命令四名宮女坐到小船上，然後他用腳踢翻小船造成四人都溺水，其中兩人活活淹死。之後他再次命令兩名官吏在風大的天氣裡搭乘小船進入大浪狂波的河裡，結果小船翻覆，兩名官吏拚命攀在尚未沉沒的小船上載浮載沉，劉建竟然在岸上看得哈哈狂笑也不去救援，導致兩名官員都溺斃。

江都王還曾經讓八名犯錯的宮女全裸站著敲鼓。

不僅如此，劉建還叫那些全裸宮女與羊跟狗進行人獸交，《漢書》原文是：

「建欲令人與禽獸交而生子，彊令宮人贏而四據，與羝羊及狗交。」

親愛的讀者們，要跟您們說聲抱歉，我原本是把「人獸交」的動作翻譯成現代中文，但後來想想還是直接引用《漢書》的文言文，以免把「人獸交」寫得太露骨，到時候書一出版，不要說未滿十八歲不得閱讀，恐怕連八十八歲以下的人都不能看了。

除此之外，劉建還放野狼將好幾名宮女活活咬死，而他竟然在旁一邊看一邊大笑。他也曾經不讓宮女們吃任何東西，活活把她們餓死。慘遭劉建虐待而死的人數高達三十五人。

江都國的人民生活在如此兇殘的暴王底下，就算很多人告了御狀，但劉建都沒事，因為他有儒家至聖（孔丘）以及亞聖（孟軻）大力推崇的「親親相隱」價值觀當成免死金牌，誰敢動江都王劉建一根寒毛？

他最後是因為涉嫌謀反叛逆，才被問罪自殺而死。

換言之，若非劉建造反，縱使他再虐殺多少平民百姓都沒關係，畢竟闔屌大帝劉野豬是獨尊儒術的典型儒家皇帝，只要不會危害到自己權勢地位的事情，皇親國戚們幹下什麼傷天害理的事，他都可以展現非常寬恕、仁慈的一面，溫柔敦厚地遵照儒家「親親想隱」的價值觀，包庇犯罪、犯法的皇親國戚，並縱容他們做出滔天大罪與令人髮指的邪惡行為！

在儒家中國只有帝王皇族的命是命，平民百姓生下來就注定沒命的。

閹屌大帝的皇親們犯下了更多殘暴的事蹟，但是他都依據儒家孔丘以及孟軻的「親親相隱、相互包庇」的道德價值觀，加以縱容並赦免那些做出慘絕人寰之罪行的暴王們，這些事情全都記錄在《漢書》裡（註卅四），不信的讀者們可以再看下去。

（二）用椓杙插入美女陰道，再把美女的鼻、唇、舌割掉的廣川王劉去

閹屌大帝劉野豬另外有四個同父異母兄弟，但也算是他的表兄弟，因為這四名

兄弟是劉野豬母親的妹妹所生，其中一名是廣川王劉越。

劉越的兒子劉齊跟自己的姊妹亂倫，朝廷官員奏請廢除廣川國。雖然亂倫的行徑嚴重違反了儒家的倫理，但闍屌大帝這時卻儒心來著，下詔說明劉越乃是自己的哥哥，豈能讓他無後？所以劉越的兒子亂倫，但還是可以改立孫子劉去為廣川王。

被闍屌大帝冊立為王的劉去，是一個什麼樣的君王？廣川王劉去應該是用最兇狠、最殘忍的手段殺害無辜女性的一個暴王！

劉去在十四、五歲時從師傅學習易經，但師傅常常勸阻他別做壞事，因此劉去年紀稍大之後就驅逐他，並命令奴僕把師傅和他的兒子一起殺死。

《漢書》〈景（帝）十三王傳〉還記載劉去寵幸數位美女，而她們也相互忌妒爭寵。劉去有次和其中一位美女（王地餘）嬉戲，竟然在她的袖裡摸到一把刀，嚇得劉去趕緊用酷刑拷問，才得知王美女想和她姊姊合力殺死最得寵的昭信。

廣川王劉去把姊姊抓來用更嚴酷的刑罰逼問之後，親自用劍殺死王地餘，昭信再殺死王地餘的姊姊。為了防止殺人祕密外洩，又把服侍王地餘姊妹的三名婢女一併殺害。

昭信後來生病夢見被害的姊妹告御狀，劉去得知後，把姊妹二人屍體挖出來燒成灰燼。

昭信後來被立為王后，就如同近幾年常演的後宮連續劇，她為了獨得寵愛，就在劉去的面前說其他美女的壞話。但劉去竟然對昭信說，在他面前讒言其他美女是沒有用的，除非是涉及讓他戴綠帽子的小報告，這等於是在指點昭信如何有效地陷害其他美女。

昭信是個狠毒又聰明的女人，馬上抓緊這個罩門，開始誣陷其他美女偷漢子、養小王，讓劉去戴上一頂又一頂光鮮亮麗的大綠帽！

其中一位被誣陷的得寵美女叫做陶望卿，劉去命令她在所有姬妃面前脫光身上的衣物，然後叫姬妃們用燒紅的鐵去灼燙她。

可以想見這是多麼痛的酷刑，縱使最剛烈的鐵漢子都會感到痛不欲生了，嬌滴滴的陶望卿怎可能忍受得了。她因太痛而掙逃到井邊，跳井自殺。但昭信把她打撈起來，然後用椓杙（木樁上面有著捶釘）插入陰道，再把陶望卿的鼻子、嘴唇和舌頭割掉！

看著史書記載至此，都可以讓人嚇到手軟了，但廣川王劉去還不肯罷休，竟然將陶美女分屍，然後和桃灰、毒藥一起丟到大鍋中沸煮一整天，直到全部屍體和屍塊糜爛為止。

縱使如此，劉去仍然不肯鬆手，他連陶望卿的妹妹也一起滅口，以免她去告御狀。

更不幸的是，陶望卿並非史書裡面最後一個被殘害的人。

另一位美女，榮愛，也遭到劉去和昭信的毒手。

劉去把榮愛綁在柱上，然後用燒到火紅的刀子把她的雙眼刺瞎，再用大火將金屬溶成液體灌入她嘴裡（註卅五）！她死後還被分屍，並和帶刺的荊棘一起埋入土裡。

遭受廣川王劉去用如此嚴酷虐待致死的人多達十四個！

劉去後來是因為命令娼妓全裸坐入他懷中，此事被廣川國相舉發，朝廷派使者調查。過程中發現陶望卿和她妹妹都已死，但劉去謊稱兩人是因與他人通姦曝光後自殺。所以劉去拿別人的屍體代替，一併將兩姊妹的屍首運還她母親。

屍體雖然已被煮到糜爛，但身為媽媽的陶母立刻發現屍塊是別人的，當下察覺自己女兒死因可疑，數次大哭大鬧，昭信就派人暗殺她。

陶母被殺害後，兇手被朝廷官員逮捕，供出劉去和昭信所犯下一切令人髮指的慘絕人寰罪行。判決上寫明劉去犯下燔燒烹煮、生割剝人、殺其師父子，共殺無辜十六人，「逆節絕理」。

司法官員奏請皇帝將廣川王劉去伏戮示眾，才能大快民心。

但不幸的是，在「獨尊儒術的輝煌時代」，有權有勢的統治階級正在努力效法孔丘、孟軻所教導「親親相隱」的道德價值觀，「統治者應該要縱容、包庇犯下滔天大罪的親屬才算是有仁慈心」，結果漢宣帝在本始三年下詔：朕「不忍」致王於法，議其罰。

當漢宣帝信守孔孟道德觀，堅決不願處罰已犯下傷天害理之罪的皇親國戚，司法官員只能改為建議應該廢除廣川國，不可再讓劉去當王，以免更多人民慘遭毒害。

漢宣帝批准廢除廣川國，但因「孟子」說過舜帝雖流放他弟弟姚象，依然讓姚象享有封國的賦稅，以免天子的弟弟過著如同乞丐的生活。

所以漢宣帝為了貫徹孟子的「道德理想」，便如法炮製儒家「崇高的價值觀」，將百戶人民的稅捐賞賜給那個喪盡天良又沒有人性的劉去當作湯沐邑，讓他得到豐厚的安養。

劉去這個惡魔擔任廣川王長達二十二年，最後總算自殺。但才過四年，漢宣帝就恢復廣川國，改立劉去的哥哥劉文當王。

古代中國人民真是活得夠悲哀了，誰教罷黜百家之後的漢朝天子們都是遵奉儒家思想的信徒，畢竟儒家第二號聖人孟軻有說過（註卅六），「貴為天子的人，豈可讓犯下滔天大罪的親人僅僅當個平民百姓而已！」

（三）寵愛美少男又把他殺死的膠西王劉端

闇屌大帝的另一位同父異母兄弟，膠西王劉端，《漢書》記載他為人「賊戾又陰痿」，並說他若接近女人就會生病數個月，所以他最愛美少男。

有個被他寵愛的少年竟然跟他的妃妾搞起來，劉端妒火狂燒，把這些人和他們的母親一併殺害。

當時的公卿奏請皇帝誅殺劉端，但閹屌大帝劉野豬卻為了遵奉「孟子」所主張的道德理想：「舜帝不忍心殺死自己作奸犯科的兄弟」，因此閹屌大帝就赦免劉端。但是縱容犯法的結果，就是導致罪犯們更加膽大妄為地去虐待跟殺害更多的人，讓原本可以沒事的人變成受害者！

劉漢皇朝這些暴王們應該是認為「反正殺人也不需償命，不多殺幾個人的話，豈不是浪費儒家孔丘跟孟軻提倡『親親相隱』之價值觀所帶給他們的特權！」

《漢書》記載膠西王劉端不僅不改過，反而變本加厲，任何一名膠西國的國相若敢以漢朝律法管制他的話，劉端就使詐用毒藥殺害；但若國相跟劉端一起做壞事，中央朝廷卻把國相繩之以法，結果造成非常多名俸祿兩千石的高級官員（封國的國相）兩邊不討好而慘死。

行徑如此兇殘的膠西王劉端在位長達四十七年，朝廷竟然沒有對他做過任何的處罰。

活在儒家思想盛行的統治階級，真的很有福氣，不論皇親國戚如何傷天害理跟殘害人民，都可藉由孔丘、孟軻「親親相隱」的道德價值觀而得到國家最高領導人的包庇跟縱容！

（四）逼死奴婢到陰間當醫生的趙王劉元

閹屌大帝劉徹的另一名兄弟，趙王劉彭祖的孫子劉元是一個什麼樣的君王？《漢書》記載他除了親手用刀殺死奴婢之外，當他生病時，因害怕死後到陰間沒有醫者治癒他的病，所以脅迫懂得草藥的奴婢先自殺作為殉葬的準備，人數多達十六個。

孔子孔丘孔老二呀，儒家說人同此心、心同此理，但在真實的世界裡，每一個人的價值觀卻很不相同，儒家真的可以再膚淺跟幼稚一點！

所以像趙王劉元這樣的暴王有沒有被誅殺？

在獨尊儒術的大漢皇朝，怎麼可能會發生嚴厲懲罰皇親國戚的事情？對如此兇惡的趙王，朝廷僅是廢掉趙國了事，至於那些冤死的奴婢們，只能怪她們生長在一個獨尊儒術的國度裡了。

引用這些記載在《漢書》裡面已經超過兩千年的血淋淋史蹟，就是希望讀者們能警醒一個非常殘酷的事實：當儒家思想放諸實踐時，華人的道德水準不僅沒有提升，反而只會加重平民百姓的悲慘日子。

註一：「親親相隱」就是儒家的孔孟主張人人都應該順應自己天生的性情（直），去包庇、掩護或幫助犯下嚴重罪案的親屬，縱使親屬殺人，也應該幫助他們逃走，不必管被害家屬的死活。

註二：《孔子是如何煉成的》，頁四九－五〇，鮑鵬山，本事文化，二〇一〇年。

註三：只要上網鍵入George Washington and agriculture，就有一大堆資訊跑出來了。

註四：參考《舊邦新命》，頁一四〇－一五八，白彤東，北京大學出版社，二〇〇九年四月。

註五：整個蘇格拉底的故事可以分成好幾個部分，例如，他在哲學討論的過程中得罪了雅典的權貴，就被無緣無故指控他誤導雅典年輕人的思想。另一個更嚴重的控訴是妄稱他不信奉雅典的神祇。後來的故事就是整個審判過程中的辯護攻防，以及他寧願選擇被處死也絕不背叛自己的原則（古代希臘哲人沒有孔丘那種「用背叛原則的手段去實踐理想」的權變思想）。在此僅討論蘇格拉底放棄好友們特地在暗中留給他逃亡的後路，自願被關在監牢等待死刑的到來！

註六：G. M. A. Grube, *Plato-Five Dialogues, Euthyphro, Apology, Crito, Meno, Phaedo*, pp.45-56, Hackett Publishing Company, 1981.

註七：讀者們可以對比康德的絕對倫理，即最高準則絕對沒有任何例外，奉行時不得改變。我們發現歐美白人從古至今有著一貫的理想，但儒家從孔丘開始就主張做人做事要懂得因事制宜的「權變」，可以「用背叛原則的手段去實踐理想」，這是聖之時者與歐美價值大大不同之處。

註八：蘇格拉底等於是在暗示：只有留下來一死，才可證明他能堅守理想，而且不是一個忘恩負義的人，所以他確實是善良無辜的；並且藉著一死去證明雅典所宣判的懲罰是極度荒謬的，因為他們把真正奉公守法的人處死！接受死刑才能證明錯在雅典而不在蘇格拉底。

註九：*The History of the Peloponnesian War*, pp.143-151.

註十：商務印書館出版由謝德風翻譯的《伯羅奔尼撒戰爭史》，也是依據企鵝出版社的英文版翻譯而成，但因為謝德風有些地方翻譯較不精確，我覺得還是自己翻譯跟改寫較好。例如："this is a peculiarity of ours (Athenians) : we do not say that a man who takes no interest in politics is a man who minds his own business; we say that he has no busines here at all. "（英文版，

頁一四七）謝德風的翻譯是：「這是我們（雅典人）的特點：一個不關心政治的人，我們不說他是一個注意自己事務的人，而說他根本沒有事務。」（繁體中文版，頁一三七）

但是這句話真正的意思是說：「雅典還有一個與其他各國不同的特點：若有雅典人完全不關心國事，我們不認為那個人是專注在自己的本分，而會覺得那種人根本不配住在雅典！」

我們不應學習孔丘的言語暴力，所以不該苛責謝德風，他是出生於一九〇六年的人，那個時代能夠看懂報紙就算是知識分子了，何況謝德風還能翻譯那麼多本英文巨著，偶有錯誤，瑕不掩瑜。

註十一：請參考《新約聖經》〈使徒行傳〉第二十七章三十三節。

註十二：釋迦牟尼的出生年份有許多爭議，早期的看法大多認為他可能生於紀元前六〇〇年左右（老子的時代），但現代學者認為紀元前四八〇年應該是較正確的年代。

註十三：現代有不少學者挑戰這種關於阿利安民族起源的說法。

註十四：請參考《中央帝國的哲學密碼》，頁二五四－二五八，郭建龍，（中國）鷺江出版社，二〇一八年九月。

註十五：請參考《物語日本史》上冊，頁二〇一－二〇五，平泉澄，梁曉弈、黃霄龍、劉晨譯，遠足文化出版，二〇一九年四月。

註十六：有關阿修卡大帝在此的簡介資料來源：詔令部分請參考*The Edicts of Asoka*, by Richard McKeon

& N. A. Nikam，以及*Edicts of King Asoka*, by Meena Talim；阿修卡大帝生平的簡介請參考網頁：www.ancient.eu/Ashoka_the_Great, by Cristian Violatti；以及大英百科全書：www.britanica.com/biography/Ashoka。

註十七：他的出生與登基的年份有爭議。

註十八：詔令的內容主要依據N. A. Nikam以及Richard McKeon所寫的*The Edicts of Asoka*翻譯成中文；另外也參考了Meena Talim所寫的*Edicts of King Asoka*。

註十九：印度巴利文稱呼希臘為Yona，歐美學者認為這是Ionia的諧音，指愛琴海東部地區。

註廿：詔令上的發音是「Antiyoka」，就是歷史上的Antiochus II Theos of Seleucid Empire。

註廿一：詔令上的發音是「Turamaya」，就是歷史上的Ptolemy II Philadelphos of Ptolemaic Egypt。

註廿二：詔令上的發音是「Maka」，就是歷史上的Magas of Cyrene。

註廿三：詔令上的發音是「Antikini」，就是歷史上的Antigonos Gonatas of Macedonia。

註廿四：詔令上的發音是「Alikasudara」，就是歷史上的Alexander II of Epirus。

註廿五：八大古文明，由西往東算起：羅馬、希臘、埃及、希伯來（猶太）、巴比倫、波斯、印度，還有古代中國。

註廿六：若從歷史的比較觀點而言，古代中國已經輸在起跑點，從來沒有領先過。中世紀的隋唐皇朝之所以超越西歐，是因為羅馬帝國崩滅之後，取而代之的日耳曼野蠻民族的文明程度太低，拖累了原本領先全世界的歐洲文化。等到歐洲再次恢復古希臘羅馬的文明，自然再次主宰世界。

註廿七：在此對照孔丘所說的「吾欲仁，斯仁至矣」，儒家錯把「道德意識」當成「道德實踐」，才會覺得道德實踐像是呼吸空氣般輕鬆容易。這種誤解是因為孔丘、孟軻都只是坐而言但卻無法起而行的人，所以才會錯把道德實踐看得如此簡單。

註廿八：Richard McKeon的英文翻譯是：”No task is more important to me than promoting the well-being of all the people. Such work as I accomplish contributes to discharging the debt I owe to all living creatures.“；Meena Talim的英文翻譯是：”For the welfare of all men, whatever little effort I take is an act of repaying the debt which I owe to the people.“

註廿九：讓我們再一次反省儒家主張「吾欲仁，斯仁至矣」的講法，是否太過膚淺跟幼稚？

註卅：這一個觀點跟現代人的看法相同，但跟儒家思想相反。儒家認為人性都是相同的，這種儒家見解就以偏概全了。雖然人類有不少共同的道德觀念，但有許多我們覺得應該做的好事，其他民族不見得有相同的看法，反之亦然。古代印度帝王能有如此現代化的價值觀，令人佩服。

註卅一：阿修卡詔令所展現出這種豁達的包容胸襟，儒家孔丘真的要好好學習，以免整天用言語暴力痛罵跟羞辱不同價值觀的人：孔丘不是痛罵別人是不仁小人，就是羞辱自己學生是牛糞、狗屎。

註卅二：康士坦丁一直到死前一刻，都還沒有受洗成為耶穌教的信徒，而且他僅是不禁止耶穌教徒的宣教。真正把耶穌教設立為國教的是狄奧多西皇帝（Theodosius the Great），所以無法拿康士坦丁來跟阿修卡大帝與漢武帝比較。若要比較的話，我們又必須從耶穌教被羅馬帝國遵奉為國教之後的歷史，去判斷耶穌教對羅馬皇帝的影響，所以在此僅拿漢武帝與阿修卡相比。有興趣了解耶穌教義如何控制帝王的讀者，請參考《基督的勝利》（羅馬人的故事XIV），鹽野七生，三民書局。

註卅三：請參考《孟子》〈盡心上〉第三十五章，以及〈萬章上〉第三章。

註卅四：暴王們所犯下的一切暴行，都直接翻譯成現代語文，有興趣的讀者可以自行查考（中國）中華書局的《漢書》第八冊，頁二四〇九—二四三七（二〇一〇年十一月第十五次印刷）。

註卅五：我們猜想劉去會用這種酷刑，可能是榮愛在死之前，歇斯底里地破口大罵廣川王劉去。

註卅六：請參考《孟子》〈萬章上〉第三章。

結語

倫理墮落、道德敗壞的始作俑者

市面上有關《論語》的書籍，超過百分之九十九點九九九都是遵奉儒家思想的人所寫的，所以絕對不會寫出儒家思想付諸實踐之後的慘劇。單是一個「親親相隱」的價值觀，就已經如此致命了，可以想見其他的儒家價值觀有多麼可怕。

這也是為什麼王莽全面推行儒家思想，才短短十五年就導致天下大亂，全國人口從將近六千萬銳減到兩千萬；若換算成現代共產中國的人口，等於是將近十五億的人口，因推行儒家思想而銳減到不滿五億！

縱使把歐美歷史上所有宗教戰爭的死亡人數加起來（註一），其慘烈的程度都比不上實踐一次儒家思想（王莽）所帶來禍害的一半！而中國歷史上發生多少次因儒家官員的黨爭導致改朝換代的浩劫，但儒家知識分子卻敢嘲笑歐美白人的歷史時常發生宗教戰爭。

歷代中國人閱讀這些用血淚編織而成的中國史蹟之後，其實也是鼓勵每一個中國人就算被千刀萬剮也一定要拚命當皇帝，除了避免自己跟家人們被暴王屠殺毒害之外，更能讓自己和子子孫孫榮華富貴，還可以包庇跟縱容親屬犯罪，不管是強姦民女、盜劫殺人，統統沒關係！

因為親屬之間相互包庇、相互縱容的行為，才是孔孟聖人掛保證的價值觀，不這麼做的人反而是違背儒家的倫理道德。

劉漢皇朝的帝王們因遵奉孔丘、孟軻所主張的「天子應該包庇跟放縱違法作亂的親屬」的「親親相隱」儒家道德觀，藉以展示自己的寬宏大量，所以都沒有嚴懲任何一個暴王，造成暴王們的僥倖心態，一犯再犯，毫不悔改，導致慘死在他們手中的無辜之人多達數千。

若是採用其他價值觀，例如現代法律的價值觀不准任何人縱容自己親屬犯罪（註二），漢朝那些慘死的平民百姓都可以避免遭受毒害。

僅是一個錯誤的儒家價值觀所造成的嚴重傷害，就讓上千個家族痛不欲生了，更別說儒家其他的嚴重錯誤：例如孔丘壓抑人民主體意識的覺醒、聖人採用軍事暴力去實踐儒家思想、孔丘的人身攻擊與言語暴力、孔丘不惜用猛刑摧殘人民等等致命的缺陷。

儒家思想導致古代中國人的道德沉淪與墮落，真的是史蹟斑斑。

看了這麼多血淋淋的悲慘歷史，儒家思想不僅不切實際，更不符合人性，絕對是一個殺人又吃人的恐怖禮教！若有任何人將儒家虛幻的空想放諸實踐，那麼實踐的結果永遠都是慘絕人寰的悲劇，《漢書》暴王列傳以及〈王莽傳〉就是最慘痛的證明。

古代中國的墨子在兩千五百年前，就已經不厭其煩地警示所有的人：實踐儒家思想必然導致天下滅亡！（註三）

墨家批判儒家的致命缺點，果然有著超凡的真知灼見！

價值觀的選擇不僅決定一個人的成敗，更是注定一個種族的興衰，「獨尊儒術、罷黜百家」確實是黃種人所做出最致命的嚴重錯誤。

所以，什麼思想才是東亞文化的糟粕，絕對要加以棄絕？

這本書僅列出儒家孔子之道致命錯誤的史例而已，並沒有從思想上對於產生孔子之道的肇因，做個哲理的深入分析與反思，因為那將是敝人另一拙著的內容：《極端唯我論：儒家思想的本質》！

導致華人世界的倫理墮落、道德敗壞的始作俑者，既不是孟軻、程頤或朱熹，也不是董仲舒、陸九淵或王陽明，他們只不過是幫兇而已。希望這本書能讓讀者們了解：孔丘思想（孔子之道）才是腐化東亞文化的罪魁禍首！有了這個領悟，才算是踏出振興東亞文化的第一步，接下來則要確立什麼是東亞文化的精華，以及絕對要加以發揚光大的思想。

護國神山企業的創辦人，台積電張忠謀先生擔任過文化復興總會的執行委員。

被歐美白人讚譽為等同於蘋果賈伯斯以及微軟比爾蓋茲同一等級的宏碁創辦人施振榮先生（註四），也提到過去的台灣運用了自己的能量，替歐美社會所需要的

「物質文明」做了許多創新；他期許未來的台灣能夠成為二十一世紀之「精神文明」的發源地！

可見得這件事情很值得現代台灣人的重視！

註一：歐美歷史上，死亡人數最多的宗教戰爭是三十年戰爭，被殘害的人數大約是八百萬。

註二：台灣《刑法》第一百六十七條規定，藏匿犯罪的親屬，或是湮滅親屬的犯罪證據，仍是犯法的行為，但可以視情節的輕重而減輕或免除其刑。這跟儒家的價值觀剛好相反，因為儒家孔孟的價值觀認為藏匿親屬或是湮滅他們犯罪證據的行為根本不犯法，哪裡還需要視情形減輕或赦免。

註三：請參考《墨子》〈公孟〉。

註四：請參考《台灣的明天——兩岸關係與邁向先進文明社會的思考》，頁二三六—二六一頁，彭宗平、李知昂、IC之音，遠流出版社。

RE00024

孔子真面目：2500年來的謊言

作　者——黃文聰
資深主編——謝鑫佑
校　對——謝鑫佑、吳如惠、黃文聰
企　劃——廖心瑜
資深企劃經理——何靜婷
美術設計——張添威

董事長——趙政岷
出版者——時報文化出版企業股份有限公司
一〇八〇一九臺北市和平西路三段二四〇號四樓
發行專線——（〇二）二三〇六六八四二
讀者服務專線——〇八〇〇二三一七〇五　（〇二）二三〇四七一〇三
讀者服務傳真——（〇二）二三〇四六八五八
郵撥——一九三四四七二四時報文化出版公司
信箱——一〇八九九台北華江橋郵局第九九信箱

時報悅讀網——http://www.readingtimes.com.tw
文化線粉專——https://www.facebook.com/culturalcastle/
法律顧問——理律法律事務所　陳長文律師、李念祖律師
印刷——紘億印刷有限公司
初版一刷——二〇二一年八月二十七日
定價——新台幣四二〇元

孔子真面目：2500年來的謊言/黃文聰著. -- 初版. -- 臺北市：時報文化出版企業股份有限公司，2021.08
面；公分.
ISBN 978-957-13-9248-6（平裝）

1.（周）孔丘 2.學術思想

121.23　　110011645

ISBN 978-957-13-9248-6
Printed in Taiwan